关爱教工 守护健康

从教职工健康档案说起

苗 莉 姜素兰 高志平◎主编

中国出版集团
研究出版社

图书在版编目（CIP）数据

关爱教工　守护健康：从教职工健康档案说起／苗莉，
姜素兰，高志平主编．-- 北京：研究出版社，2021.8
ISBN 978-7-5199-1063-1

Ⅰ.①关…　Ⅱ.①苗…②姜…③高…　Ⅲ.①北京联合大学-
教育工作者-保健-研究　Ⅳ.①G465.1

中国版本图书馆 CIP 数据核字（2021）第 178275 号

出 品 人：　赵卜慧
责任编辑：　张立明

关爱教工　守护健康——从教职工健康档案说起

作　　者	苗　莉　姜素兰　高志平
出版发行	研究出版社
地　　址	北京市朝阳区安定门外安华里 504 号 A 座（100011）
电　　话	010-64217619　　64217612（发行中心）
网　　址	www.yanjiuchubanshe.com
经　　销	新华书店
印　　刷	北京建宏印刷有限公司
版　　次	2021 年 8 月第 1 版　　2022 年 8 月第 2 次印刷
开　　本	710 毫米×1000 毫米　1/16
印　　张	10
字　　数	152 千字
书　　号	ISBN 978-7-5199-1063-1
定　　价	45.00 元

编撰指导委员会

主　任　张　辉　周　彤

委　员　冯凤芝　李玉秀　苗　莉
　　　　　曾　勇　高志平　姚　方
　　　　　姜素兰　谢永宪

编委会

主　编　苗　莉　姜素兰　高志平

编　委（以姓氏笔画为序）
　　　　　王　岩　王淑颖　白丽媛
　　　　　肖春林　杨月新　张北雁
　　　　　钟淑敏　谢永宪　焦学会
　　　　　操静涛

序

习近平总书记指出“人民对美好生活的向往，就是我们的奋斗目标”。这既是我们党“为人民服务”这一根本宗旨的体现，也是新的历史条件下党对人民的责任和庄严承诺。人民对美好生活的追求首先是健康，健康是经济社会发展的基础条件，是促进人的全面发展的必然要求，是民族昌盛和国家富强的重要标志，也是广大人民群众的共同追求。《“健康中国2030”规划纲要》提出了把健康融入所有政策，全方位、全周期保障人民健康的重要理念。怎样能够促进健康和拥有健康，既是专业人员、普通百姓思考的问题，也是我们各级领导需要认真探究的问题。学校是健康促进的大平台，影响时间长、范围广，影响深刻而深远。作为高校最重要因素的教职员工，其自身健康尤需予以高度关注，努力给教职工提供和谐安全的环境，促进教职工整体健康水平的提高，方能成就“健康促校发展”的目标。

追求身体健康是现代文明生活的标志和民生工作的内容，学校深刻认识到教职工的健康关乎学校的创新能力和发展能力，拥有身心健康的教职工是学校长期发展的重要保证，因而始终把“善待学生，厚待教工”作为重要的治校之道。多年来在教职工健康促进方面推出了一系列措施和方案，并在经费、政策、人力、策略、组织、措施、物力等方面予以保证促其落到实处，并使教职工真正感受得到。学校工会牵头、多部门联合开展的“健康幸福工程”就在积极推动教职工身心健康方面发挥了积极的作用。

作为学校健康促进的主要责任部门，校医院在传授健康知识与健康技能、完善教职工健康管理方面，做了大量工作并付出很多努力。尤其在校园疫情防控方面，更是大处着眼，细处着手，形成了一整套切实可行的方案和措施，确保了师生健康、校园平安。今天得以成书的《关爱职工　守护健康——从教职工健康档案说起》就是校医院在教职工健康体检、健康咨询、健康管理和健康促进，以及校园疫情防控等方面的一个工作侧影。既提出了教职工健康方面存在的问题，也有针对性的建议和指导，对学校工作的可持续发展有着重要的参考意义。

教职工健康事关学校谋发展、教师谋幸福的大事，需要学校、各职能部门和教师的共同参与和努力。必须因地制宜，结合教职工实际需求，创新管理机制，推进该项工作的全面落实和常态化发展。教职工健康事关每个人的切身利益，并非行政手段可以一蹴而就，更需要教职工转变自身观念，加强健康意识，真正实现“主动健康”，使个体健康与校园健康、国家健康同行。在让“教职工满意”的基础上，共同努力，实现“建设高水平应用型大学”的发展目标。

2021 年 5 月

目录

第一篇 教职工健康档案管理

第二篇 亚健康与常见疾病预防

第三篇　校园健康管理实践

档　案

第一篇
教职工健康
档案管理

高校教职工工作压力大，身体健康状况不容乐观，其健康是关乎学校创新能力及长期发展的重要因素和保障。为降低教职工职业病和常见病的发生率，提高教职工工作和生活质量，高校应加强教职工健康管理，重视教职工身体健康。其最主要的目的是防微杜渐、防患于未然，并以最小投入获取最大的健康效益。本篇以某高校校医院历年来保存的教职工健康体检档案数据为依据，对教职工健康管理的相关内容进行论述。学校遵循健康优先原则，把教职工的身心健康摆在优先关注的地位，并立足高校特点和实际情况，通过各种方式和途径将预防为主、早发现、早诊断、早治疗的大健康理念融入校医院的日常工作中，并宣导于每个职工，进而逐步形成有利于健康的生活方式，实现职工健康与疾病预防工作的良性协调机制。

第一章　健康管理的发展变迁与必要性

第一节　健康管理的发展历程

健康管理是指以现代健康概念和新的医学模式以及中医治未病为指导，通过现代管理学的理论、技术、方法和手段，采用中西医学、疾病预防的相关技术和方法，对个体或群体整体健康状况及其影响健康的危险因素进行全面检测、评估、有效干预与连续跟踪服务。健康体检是健康管理的基础，中华人民共和国卫生部2009年8月5日颁布卫医政发〔2009〕77号文件《健康体检管理暂行规定》，文件提出：健康体检是指通过医学手段和方法对受检者进行身体检查，了解受检者健康状况、早期发现疾病线索和健康隐患的诊疗行为。定期健康体检是一种新的自我保健方式，它可以变被动看病为主动检查，变消极治病为积极防病。伴随着健康体检事业的发展，健康体检与健康管理理念不断融合与转型升级，其中最为凸显的是慢病管理和亚健康管理水平的巨大提升。

一、健康管理在国外的发展实践

健康体检和健康管理的理念和实践在国外应用较早，美国医药协会早在1900年就提出每年接受1次健康检查的理念，并与保险公司合作，从而形成庞大的产业规模。日本则通过立法的方式将健康体检纳入法律保护范畴，如《老人保健法》《学校保健法》等均包含健康体检的相关规定和要求，其健康体检覆盖面广，检查类别齐全，项目界定严格，每位公民每年都要接受1次健康体检。为保证健康体检质量，日本还制定了针对全身精密体检专科医师的认定制度，致力于培养预防医学专业人才。日本的全民体检费用以国家负担为主（75%），个人负担为辅（25%），且其健康体检工作由分工不同的健康体检学会进行指导和管理，形成了一套相对独立完善的医疗健康服务体系，从基础的血液生化检测到高端的CT、PET-CT、MRI检查，先进的诊断仪器及健全的医疗系统，使日本成为世界癌症防治较为先进的国家之一。当今的日本健康体检作用已不是单纯为了发现疾病，而是为了了解引发疾病的原因，从而有效预防疾病的发生。其他如英国、德国、韩国等发达国家的健康体检与健康管理工作发展也相对较完善。

在健康管理和监测方面，随着以互联网+技术的发展和应用，很多以电脑和手机等电子产品为载体的移动式、个人化健康管理类应用产品相继问世，主要包括平台类应用、网站类应用、手机类应用。这些具有健康数据记录、在线健康咨询、健康状况评估的健康管理应用，使健康管理不再受时间地点的限制，在更大程度上发挥了健康管理的价值，达到了降低患病率和提高生命质量的效果。国外健康管理应用如Health Kit、Google Fit和Health Vault，手机类应用如Lumira Dx、Hometeam、Honor等，以及具有远程医疗功能的如MDlive、Sensely、Spruce等都较为成熟。在慢病管理方面，针对糖尿病健康管理的Well Doc、Sweetch、Farewell等，针对心血管疾病健康管理的Alivecor Alive Cor、Endotronix、Eko Core等，也都已相当普及。

二、中国健康管理的发展状况

中国现代意义的健康体检和健康管理起步较晚，起初主要依托于医疗卫生机构和保健体系，后随着市场需求的急剧扩张和专业化分工的进一步细化，而得到快速发展。目前市场上健康体检机构形式多样，根据健康体检机构的经营性质、隶属关系、商业模式等可分为专业健康体检机构、综合医院附属的体检中心和依附于其他产业的健康体检机构三种不同类型。近几年，国民生活水平提高、健康观念深入人心，以及消费升级，国民健康体检需求旺盛，呈现井喷式发展的趋势。从健康体检人次数来看，健康体检人次从 2011 年的 3. 44 亿增长到 2019 年的 6 亿。2020 年全年，健康体检市场规模达到 1905 亿元。随着人们对健康的日益重视以及体检人次的增加，有机构预计到 2025 年中国健康体检行业市场规模将达到 3711 亿元甚至更高，中国健康体检市场前景巨大。在《国务院关于积极推进“互联网+”行动的指导意见》等政策的推动下，我国的健康管理应用研发得到了较大发展。通过人工智能、医疗大数据技术挖掘诊疗信息与智能诊断，进而与医疗结合实现相应的远程诊疗服务。目前国内的健康管理+医疗服务终端产品有“微医”“好大夫”“平安好医生”等，个人健康管理应用“掌上糖医”“微糖”“薄荷健康”，女性健康和经期管理应用“大姨妈”“美柚”，体检查询应用“爱康体检”“慈铭体检”“美年大健康”“康康在线”等，包括环境检测、数据存储比对、趋势分析、健康计划、运动管理、健康日记、医患互动、行为指导、健康监测与追踪等丰富的个性化功能，都在健康管理的不同环节、不同场景和不同人群中发挥了重要作用。

三、高校的健康管理实践

国内高校都非常重视教职工的身体健康状况，每年都会对教职工进行健康检查，而且高校教师群体比较集中，工作、生活基本在校园范围内，为统一建立健康档案提供了便利。教师可以学院为单位组织进行逐一建档，也可在每年教职工体检时不断完善健康档案信息；再有教职工人群每年虽有一定人员变动，但整体而言人群非常稳定，既便于整体横向纵向比较，及早发现各类健康问题，也便于形成个体或群体的动态健康信息流，从而分析和把握个体或群体的健康趋势，这一点在慢性病管理中就发挥了非常重要的作用。

校医院是高等学校的一个重要组成部分，更是一个特殊的医疗机构。校医院担负着全校师生的医疗、预防保健、康复治疗、健康教育等卫生工作。高校教职工年度例行的健康体检及其后续的健康服务、健康档案管理都是高校校医院工作的重要组成部分。作为高校教职工健康体检和健康管理的主要责任部门，校医院也比较容易获得相关信息，为健康档案建立及管理奠定了基础。

本书中涉及的北京某高校，历来高度重视教职工的身心健康问题，从建校之初起就建立了教职工年度健康体检制度，但因历史原因，以往健康体检工作较为分散，体检资料内容相对较少，对整体的健康管理意义有限，且以纸质报告形式体现，因而主要由教职工个人收藏保管，并在校医院指导和建议下在各级综合或专科医院完成包括慢性病在内的疾病诊疗事宜。从 2013 年起，该校逐年加大对教职工健康体检工作的支持力度，并由校医院和校工会牵头对教职工健康体检工作进行了集中政采招标，委托专业体检机构完成相应健康体检项目的检测，校医院针对体检结果进行进一步的健康管理，包括建立健康档案、健康宣教、健康咨询、健康指导，以及与各级医疗机构协同完成多种慢性病的诊疗、追踪、随访等一系列工作。经过这几年工作的积累，资料逐渐完善，健康管理的手段措施也越来越丰富，越来越具有针对性，并较好地体现出中西医结合的个性化健康管理特征。

多年来，在学校领导的大力支持下，校医院在教职工身心健康促进方面做了深入的研究和大量细致的工作，通过年度定期的教职工健康体检和日常的健康讲座、健康咨询、疾病诊疗、访视追踪等，深入摸查教职工中大病重病慢病人群、多发病常见病人群、亚健康人群，分层实施有针对性的健康管理和指导。在不断探索中，通过与校内外各部门、各种专业资源的密切配合和通力合作，逐渐建立并完善了更适合于学校教职工实际情况和需求的健康管理模式，以及与之相适应的学校教职工健康档案管理体系。经过多年的努力和不断累积，校医院在应对教职工身心健康的各种状况、全面提升教职工健康水平方面的经验更为成熟，手段更为多样，方法更为贴切，内容更为丰富，为保障和促进教职工的身心健康发挥了重要作用。

第二节 健康体检的重要意义

现代医疗观念认为，与其患病后花费重金治疗，不如坚持体检、提前预防、尽早发现疾病。事实上，这种保健理念古人早已有之。我国最早的中医学典籍《黄帝内经》中的《素问·四气调神大论》说："是故圣人不治已病治未病，不治已乱治未乱，此之谓也。"这句话的意义就在于提示人们不要等到患病了再去治疗，而应该注重防患于未然，应在疾病刚刚萌芽的时候就去治疗。健康体检就是一种新的自我保健方式，它可以变被动看病为主动检查，变消极治病为积极防病。

一、健康大数据

智研咨询发布的《2020—2026 年中国移动互联网+大健康行业发展模式及投资机遇分析报告》显示：中国人健康大数据不容乐观，疾病总人口和发病率数据超乎你的想象。慢性病患病率已达 23%，死亡数已占总死亡数的 86%。过去 10 年，平均每年新增慢性病例接近了 2 倍。心脏病和恶性肿瘤病例增加了近 1 倍！《中国居民营养与慢性病状况报告（2020 年）》也显示，2019 年中国因慢性病导致的死亡人数占总死亡人数的 88.5%，其中心脑血管病、癌症、慢性呼吸系统疾病死亡人数占比 80.7%。报告显示，慢性病、恶性肿瘤将成为威胁中国人健康的致命因素。

中国首部《健康管理蓝皮书：中国健康管理与健康产业发展报告（2018）》指出，中国慢性病发病总人数已达 3 亿左右，其中 65 岁以上老年人群慢性病占 50%。中国城市和农村因慢性病死亡占总死亡人数的比例分别高达 85.3%和 79.5%。国家卫生健康委员会 2019 年 11 月发布的数据显示，中国超过 1.8 亿老年人患有慢性病，患有一种及以上慢性病的比例高达 75%。而且近年来慢病年轻化趋势越来越明显，中青年群体中发病状况已与老年人状况逐渐接近，若不及早予以预防干预，未来的"老年人"慢病形势将会更为严峻。

《中国居民营养与慢性病状况报告（2020 年）》也指出，随着中国经济社会发展和卫生健康服务水平的不断提高，居民人均预期寿命不断增长，随着慢性病患者生存期的不断延长，加之人口老龄化、城镇化、工业化进程加快和行为危险因素流行对慢性病发病的影响，我国慢性病患者基数仍将不断扩大。以糖尿病、心脑血管疾病、癌症及慢性呼吸系统疾病等为代表的慢性非传染性疾病（以下简称慢性病）的患病率逐年上升，已成为威胁我国居民健康的“头号公敌”。

恶性肿瘤也是威胁中国人健康的重要杀手。《中国恶性肿瘤学科发展报告（2017 年）》指出，中国恶性肿瘤发病人数居全球第一，每 10 个病患中就有 2.2 个中国人！肺癌、胃癌、肝癌、结直肠癌和食管癌排在发病率前五位。肺癌、乳腺癌分别居中国男性、女性肿瘤发病率首位！其中，肺癌的发病人数和死亡人数分别占全球的 35.78%和 37.56%，已成为世界上肺癌发病人数最多的国家，是中国增长最快的恶性肿瘤。

二、教职工健康体检的重要性

健康体检是以健康为中心的身体检查。中华人民共和国卫生部 2009 年 8 月 5 日颁布卫医政发〔2009〕77 号文件《健康体检管理暂行规定》提出“健康体检是指通过医学手段和方法对受检者进行身体检查，了解受检者健康状况、早期发现疾病线索和健康隐患的诊疗行为。”健康体检是用医学手段和方法进行身体检查，其中包括临床各科室的基本检查——超声、心电、放射等医疗设备检查，还包括围绕人体的血液、尿便的化验检查。对于高校教职工来说健康体检尤其重要，教职工肩负着培养学生的重任，只有良好地预防疾病、监护身体，才能保证工作的顺利进行和生活质量的提高。健康体检能够为医生和体检对象提供真实、可靠的身体状况依据。校医院每年都要组织教师进行健康体检，其目的就在于帮助教职工更好地保护身体，从而以健康的身体、充沛的精力迎接校园工作的挑战。

1. 发现早期疾病隐患及时跟进治疗

健康体检促进“早预防、早诊断、早治疗”，将疾病消灭于萌芽状态。不少人只在觉得有病时才去医院，甚至认为正常体检没有必要，这种看法是错误的。据统计，目前全世界的人群中，仅 15%属健康人群，10%属患病人群，而高达 75%的人群处于疾病的前缘，即亚健康人群。健康体检主要针对的就是这一庞大的亚健康人群。在庞大的亚健康人群中，有 70%以上都是年龄在 28~45 岁的青壮年，健康体检是早期发现多种重要疾病的有效措施。一个人体内可能潜伏着病理性的缺陷或功能不全，而在表面仍然表现不出病态来。有些疾病一旦出现症状时，往往已进入晚期。事实上，有许多疾病早期症状并不明显，甚至无感觉。譬如，高血压患者有一半是在体检时才被确诊；隐性冠心病平时毫无异常，待到自我感觉有问题时常常已到晚期。这就是我们提倡要定期地进行健康检查的原因。

2. 发现身体异常及时调整生活方式

健康体检临床各科室的基本检查，包括超声、心电、放射等医疗设备检查，还包括围绕人体的血液、尿便的化验检查。通过健康体检发现新的异常体征，从而成为自我保健、主动健康的重要方式。健康体检可以寻找影响健康的不利因素，纠正不良生活方式的影响；健康体检指导修正自身调节机制，维持机体内外环境平衡。健康体检可以发现一些慢性疾病，这些慢性疾病大部分为生活方式疾病，如糖尿病、高血压、肥胖、高血脂、痛风等。这些都是可通过改变不良生活方式预防和控制的疾病。

3. 在专业医生的指导下针对性检查

健康体检是一个初步的筛查过程，其敏感度并非百分之百，无法查出所有的疾病。对于某些较复杂的疾病或某些异常指标，体检医生就会给出进一步的建议，对于相关指标要做有针对性的专项检查。

4. 建立有针对性的健康档案

身体是一个动态系统，每天都在不停地发生着细微的变化，可能体检时体内确实尚无潜在疾病，但也可能已有疾病，因变化还很轻微以致检测不出来。一次体检的结果并不具有长期的意义，况且人体的健康会随着时间、年龄、生活习惯及工作压力而改变，坚持定期健康体检，并根据历次体检结果建立有针对性的健康档案，对于教职工的健康管理具有重要的意义。

5. 节省医疗费用

世界卫生组织相关研究表明，人类 1/3 的疾病是通过健康体检所获得的信息反馈进而确诊的。美国有一项长达 20 余年的系统研究表明，定期接受健康体检和适当的健康管理，可使 90%的个人和企业付出的医疗费用节省 90%；而未接受健康体检和健康管理的 10%的个人，医疗费用却比原来上升了 90%。

从上述分析可以看出，健康体检对于高校教职工来讲至关重要，全体教职工应以以下心态看待健康体检。

健康是自己的：定期全面健康体检，“定期审计”“年检”，实现预防为主的目标。

健康是动态的：定期进行全面的健康体检，从生活方式和致病原因上发现影响健康的因素。

健康是社会的：定期进行全面的健康体检，了解环境、家庭、社会有关因素的影响。

健康是主动的：定期进行全面的健康体检，了解自己的健康状态，采取最佳方式和强度，提高免疫和抗病能力，早期发现健康危险因素。

第三节　教职工健康体检项目

由于人群不同，健康体检项目的选择会有所差异，根据性别、年龄、职业特点等可以制定个性化的健康体检方案。体检结束后，根据个人健康状况及疾病发展趋势，由专家分析主要健康问题，确定相关危险因素，并提供一份完整的个性化体检报告解读及基本健康改善指导原则。

一、一般体检项目

健康体检的主要体检项目包括以下几项。

1. 一般形态

主要检查身高、体重、胸围差、腹围臀围等，对照《中国成年人体质测定标准》，评估营养、形态发育等一般情况。

2. 内科

主要检查血压、心肺听诊、腹部触诊、神经反射等项目。

3. 外科

主要检查皮肤、淋巴结、脊柱四肢、肛门、疝气等项目。

4. 眼科

检查视力、辨色、眼底、裂隙灯，判断有无眼疾。

5. 耳鼻喉科

检查听力、耳疾及鼻咽部的疾病。

6. 口腔科

包括口腔疾患和牙齿的检查。

7. 妇科

已婚女性的检查项目，根据需要行宫颈刮片、分泌物涂片、TCT（超薄细胞学刷片）等检查。

8. 放射科

进行胸部 X 光片及胸部低剂量 CT 检查。

9. 检验科

包括血尿便三大常规、血生化（包括肝功能、肾功能、血糖、血脂、蛋白等）、血清免疫、血流变、肿瘤标志物、激素、微量元素等检查。

10. 辅诊科

包括心电图、B 超（肝、胆、胰、脾、肾、前列腺、子宫、附件、心脏、甲状腺、颈动脉）、TCD（经颅多普勒超声检查，判断脑血管的血流情况）、骨密度等项检查。

表 1-1　常见健康体检项目一览表

项目	指标	指标意义
科室检查		
一般检查	身高，体重，体重指数，收缩压，舒张压	通过仪器测量人体身高、体重及血压，科学判断体重是否标准、血压是否正常
内科	病史，家族史，心率，心律，心音，肺部听诊，肝脏触诊，脾脏触诊，肾脏叩诊，内科其他	通过视、触、叩、听检查心、肺、肝、脾等重要脏器的基本状况，发现常见疾病的相关征兆，或初步排除常见疾病
视力、色觉	裸视力（右），裸视力（左），矫正视力（右），矫正视力（左），色觉	了解视力状况，判断眼睛视力、色觉功能
外眼	外眼，眼科其他	检查眼睑、泪囊、结膜、眼球是否存在异常情况
耳鼻咽喉科	既往史，外耳，外耳道，鼓膜，鼻腔，鼻中隔，咽，扁桃体，耳鼻咽喉科其他	通过对耳、鼻、咽、扁桃喉等器官的常规检查，初步筛查常见疾病
口腔科	唇，牙体，牙周，舌，腭，口腔黏膜，颞下颌关节，口腔科其他，口腔腺体，牙列	口腔常规检查，全面了解口腔健康状况，及时发现口腔常见疾病
实验室检查		
血常规	白细胞计数，红细胞计数，血红蛋白，红细胞压积，平均红细胞体积，平均红细胞血红蛋白含量，平均红细胞血红蛋白浓度，红细胞分布宽度-变异系数，血小板计数，平均血小板体积，血小板分布宽度，淋巴细胞百分比，中间细胞百分比，中性粒细胞百分比，淋巴细胞绝对值，中间细胞绝对值，中性粒细胞绝对值，红细胞分布宽度-标准差，血小板压积	通过检测血液细胞的计数及不同种类细胞、成分的分类来反映身体状况，如贫血、感染等

续表

项目	指标	指标意义
尿常规	尿比重，尿酸碱度，尿白细胞，尿亚硝酸盐，尿蛋白质，尿糖，尿酮体，尿胆原，尿胆红素，尿隐血，尿镜检红细胞，尿镜检白细胞，管型，上皮细胞，无机盐类，尿镜检蛋白定性	用于检查泌尿系统疾病，如泌尿系统感染、肿瘤、结石及了解肾功能，还可用于协助检查其他系统疾病，如糖尿病、高血压、肝炎等
肝功三项	丙氨酸氨基转移酶，天门冬氨酸氨基转移酶，γ-谷氨酰转移酶	了解肝胆系统功能状况
肾功三项	尿素，肌酐，尿酸	用于评估肾功能
空腹血糖（FBG）	空腹血葡萄糖	评价人体空腹状态下糖代谢是否正常，评估糖尿病患者空腹血糖控制是否达标。空腹血糖是诊断糖代谢紊乱的最常用和最重要指标
糖化血红蛋白（HbA1C）	糖化血红蛋白	检测 HbA1c 对高血糖尤其在血糖和尿糖波动较大时有特殊诊断意义；反映近 2~3 个月的平均血糖水平；用于筛检糖尿病、预测血管并发症、鉴别高血糖原因，评价糖尿病控制程度
血脂四项	总胆固醇，甘油三酯，高密度脂蛋白胆固醇，低密度脂蛋白胆固醇	测定血清中血脂含量，它们的增高或降低与动脉粥样硬化的形成有很大的关系。用于评价受检者的脂肪代谢水平，血脂代谢紊乱评价、动脉粥样硬化性疾病危险性预测和营养学评价
同型半胱氨酸（Hcy）	同型半胱氨酸	高浓度同型半胱氨酸血症是动脉硬化的独立危险因素
甲功三项	游离三碘甲状原氨酸，游离甲状腺素，促甲状腺激素	用于甲状腺功能亢进或甲状腺功能减低等筛查

续表

项目	指标	指标意义
医技检查		
腹部彩超	肝，胆，胰，脾，双肾	对人体腹部内脏器官（肝、胆、脾、胰、双肾）的状况和各种病变（如肿瘤、结石、积水、脂肪肝等）提供高清晰度的彩色动态超声断层图像判断，依病灶周围血管情况、病灶内血流血供情况-良恶性病变鉴别；判断肾动脉狭窄等
甲状腺彩超	甲状腺	通过彩色超声仪器更清晰地观察甲状腺肿物、结节、肿大、炎症；可发现甲状腺肿、甲状腺囊肿、甲状腺炎、甲状腺瘤、甲状腺癌等疾病
颈动脉彩超	颈动脉	通过彩色超声检测颈动脉结构和动脉粥样硬化斑形态、范围、性质、动脉狭窄程度等；早期发现动脉血管病变，为有效预防和减少冠心病、缺血性脑血管病等心脑血管疾病发病提供客观的血流动力学依据
心脏彩超	心脏	是应用超声波扫描技术观察心血管结构、血流动力学状况及心功能的一种无创伤性检查方法，它可以了解心脏各组成部分的形态以及功能状态，了解心脏内畸形位置、大小、大血管的关系以及其他畸形情况和病变程度
胸部正位	胸部	通过 X 线拍片检查两肺、心脏、纵隔、膈、胸膜，判断有无炎症、肿瘤等
心电图	心电图	通过在体表特定部位同步记录和分析心脏每一个心动周期所产生电活动变化的曲线图形，为心脏疾病诊断、疗效评价、预后评估提供重要的依据

续表

项目	指标	指标意义
骨密度检查	骨密度	通过骨密度仪检查骨质密度，早期发现骨量减少及估计骨质疏松的程度，及时进行有效防治
经颅多普勒	经颅多普勒	了解颅内及颅外各血管、脑动脉环血管及其分支的血流情况，判断有无硬化、狭窄、缺血、畸形、痉挛等血管病变。可对脑血管疾病进行动态监测
男性项目		
男外科	皮肤，浅表淋巴结，甲状腺（外科），乳房，脊柱，四肢关节，外生殖器，肛门、直肠指诊，前列腺（外科），外科其他	通过体格检查，检查男性皮肤、甲状腺、脊柱四肢、前列腺、外生殖器等重要脏器基本情况，发现常见外科疾病的相关征兆，或初步排除外科常见疾病
前列腺彩超	前列腺	通过彩色超声仪器检查更清晰地观察前列腺大小、形态、结构等情况，判断有无前列腺增大、囊肿、结石，恶性病变等
动脉硬化检测	动脉硬化检测	对人体动脉血管做总体性评估，便于早发现动脉硬化
女性项目		
女外科	皮肤，浅表淋巴结，甲状腺（外科），乳房，脊柱，四肢关节，肛门、直肠指诊，外科其他	通过体格检查，检查女性皮肤、甲状腺、脊柱四肢、乳腺等重要脏器基本情况，发现常见外科疾病的相关征兆，或初步排除外科常见疾病
妇科检查	外阴，阴道，宫颈，子宫，附件，妇科其他	通过妇科触诊及仪器检查方法，发现常见妇科疾病的相关征兆，或初步排除妇科常见疾病

续表

项目	指标	指标意义
白带常规	白带清洁度，念珠样菌，滴虫，其他（白带）	用于检查阴道内有无滴虫、念珠菌，同时还可确定阴道清洁度，是筛查阴道炎的有效手段
宫颈 TCT	宫颈 TCT	液基薄层细胞学检查。是筛查宫颈早期病变较先进的检测方法，同时还能发现部分癌前病变，微生物感染如霉菌、滴虫、病毒、衣原体、人乳头瘤病毒等
子宫、附件彩超	子宫，附件	通过彩色超声仪器清晰地观察子宫及附件（卵巢、输卵管）大小、形态结构及内部回声的情况，鉴别正常和异常，了解病变的性质，判别有无恶性病变
乳腺彩超	乳腺	通过彩色超声仪器检查乳腺，发现乳腺增生、肿物、结节、囊肿、腺瘤、乳腺癌等病变

二、学校体检项目变迁

定期开展教职工常规体格检查是校医院的重点工作之一，每年校医院都会精心组织妥善安排，并根据教职工健康状况和健康需求予以调整和改进。经过 40 余年的发展变迁，学校教职员工的数量和构成发生了巨大的变化，高学历、高职称人员显著增加，这一方面给学校的创新发展注入了可持续的动能，另一方面也为教职员工的身心健康带来了诸多需要关心和解决的问题。一直以来，学校对于教职工的身心健康予以了高度的关注，每年均在学校条件允许范围内，最大限度地筹措谋划，为教职工安排健康体检及后续的相关管理服务，以保障学校教职员工的身心健康和幸福感、获得感。

每年一次的教职工健康体检是提升教职工健康体质的重要参考，校医院每年在组织体检、分析体检数据、完善健康管理措施方面都做了大量的工作。在总结、分析每年度体检结果的基础上，校医院每年有针对性地调整体检项目，制定健康管理措施。学校每年根据职工体检结果的分析汇总，在阳性率高的结果上适当增加进一步的检查项目或更先进的检查。

2013 年，学校把职工体检标准费增加了 20%，提升至人均 420 元。本年度体检共检查 7 个大项、52 个具体小项目，且对肿瘤标志物癌进行了检测，同时新增了骨密度检查、眼底检查和甲状腺功能的检查。新增检查项目出现了一定的异常结果（见表 1-2），对职工的健康起到了重要的提示作用。

表 1-2　2013 年新增检查项目异常结果统计表

项目	男		女		总计	
	检出人数（人）	检出率（%）	检出人数（人）	检出率（%）	总检出人数（人）	总检出率（%）
甲状腺功能异常	14	2.33	44	4.30	58	3.60
骨量减少	74	13.63	126	14.11	585	13.93
骨质疏松	8	1.47	28	3.14	557	2.51
视网膜血管病	64	11.21	23	2.34	87	5.60
黄斑疾病	0	0.00	1	0.1	1	0.06

2014 年，职工体检标准费又在上年度的基础上增加了 14%，本年度体检共检查 7 个大项、53 个具体小项目，比 2013 年新增了幽门螺旋杆菌抗体（Hp-Ab）、细胞角蛋白（Cyfra21-1，肺癌肿瘤标志物）和颈动脉彩超检查。新增项目的异常情况见表 1-3，进一步提示了职工的相关健康问题。

表 1-3　2014 年新增检查项目异常结果统计表

项目	男		女		总计	
	检出人数（人）	检出率（%）	检出人数（人）	检出率（%）	总检出人数（人）	总检出率（%）
细胞角蛋白（Cyfra 21-1）	4	0.40	3	0.18	7	0.27
幽门螺旋杆菌抗体（Hp-Ab）	240	24.19	231	14.14	471	17.94
颈动脉彩超异常	235	23.74	114	6.96	349	13.28

2015 年后，学校每年都适度调整体检经费，至 2019 年，学校的人均体检经费已增加至 1000 元。校医院参照教职工体检结果的分析汇总，结合结果阳性率高的疾患及北京市人群发病率高的疾患变化，每年适当调整检查项目，不断增加新的更适合的检查项目，包括选用更先进的检查项目替代之前的检查项目等。例如，因甲状腺肿瘤发病率增高，甲状腺功能从 3 项逐年增加到了 7 项；近年来因肺部相关疾患增多，由胸部 DR 检查同时增加肺部肿瘤标记物、低剂量肺部 CT 检查选项等，增加了使肺部疾病小病灶及早被发现的可能性。对于女性教职工，校医院重点加强妇科疾病的预防和排查，因女性宫颈疾患增加，在 TCT 检查的基础上又增加了 HPV4 项检查；关注女性更年期健康，增加了雌激素六项可选项目。因幽门螺杆菌发病率增高，增加了 C13 尿素吹气检查。针对心脑血管疾病情况，增加了超声心动图检查、四肢动脉硬化检测选项等。以学校男性教职工（在编）为例，2013—2020 年健康体检项目变化见表 1-4。

表 1-4　2013—2020 年男性教职工体检项目一览表

年份	体检项目	增加项目
2013	**一般检查项目：** 身高、体重、血压、体质分析；内科、外科；眼科：视力、辨色力、眼睑、结膜、泪器、通过裂隙灯、眼底检查、眼压测定；耳鼻咽喉科、口腔科 心电图检查 彩超检查：肝、胆、胰、脾、肾；甲状腺；前列腺 X 光检查：Dr 胸片 **化验检查：** 血常规（静脉血）；尿常规；肝功能：谷丙转氨酶、谷草转氨酶；肾功能：尿素氮、肌酐、血尿酸；空腹血糖；血脂分析：总胆固醇、甘油三酯、高密度脂蛋白、低密度脂蛋白；肿瘤标志物：癌胚抗原（CEA）、甲胎蛋白（AFP）、前列腺癌（PSA）；甲状腺功能：T3、T4、TSH 骨质密度测定	骨密度测定、眼底检查、甲状腺功能检查

续表

年份	体检项目	增加项目
2014	**一般检查项目：** 身高、体重、血压、体质分析；内科、外科；眼科：视力、辨色力、眼睑、结膜、泪器、通过裂隙灯、眼底检查、眼压测定；耳鼻喉科、口腔科 心电图检查 **彩超检查：** 肝、胆、胰、脾、肾；甲状腺；颈动脉；前列腺。 X 光检查：Dr 胸片 **化验检查：** 血常规（静脉血）；尿常规；肝功能：谷丙转氨酶、谷草转氨酶；肾功能：尿素氮、肌酐、血尿酸；空腹血糖；血脂分析：总胆固醇、甘油三酯、高密度脂蛋白、低密度脂蛋白；肿瘤标志物：癌胚抗原（CEA）、甲胎蛋白（AFP）、前列腺癌（PSA、F/T）、细胞角蛋白； 甲状腺功能：T3、T4、TSH；幽门螺杆菌抗体检测	增加：3 项颈动脉，幽门螺杆菌抗体检测。空腹血糖，减少：1 项，骨质密度测定
2015	**一般检查项目：** 身高、体重、血压、体质分析；内科、外科、妇科常规检查；眼科：视力、辨色力、眼睑、结膜、泪器、通过裂隙灯、眼底检查、眼压测定；耳鼻喉科、口腔科 心电图检查 **彩超检查：** 肝、胆、胰、脾、肾；甲状腺；颈动脉；前列腺 X 光检查：Dr 胸片 **化验检查：** 血常规（静脉血）；尿常规；肝功能：谷丙转氨酶、谷草转氨酶；肾功能：尿素氮、肌酐、血尿酸；空腹血糖；血脂分析：总胆固醇、甘油三酯、高密度脂蛋白、低密度脂蛋白；肿瘤标志物：癌胚抗原（CEA）、甲胎蛋白（AFP）、前列腺癌（PSA、F/T）、细胞角蛋白； 甲状腺功能：T3、T4、TSH；幽门螺杆菌抗体检测	基础项目无增加，增加 3 项可选项目
	可选的增加项目（A、B、C 只能选择一项）：A、（肺小细胞癌、乳腺癌、消化道肿瘤筛查）；B、心脏彩超；C、（反应全血黏度、1~3 月血糖水平，颈椎侧位片）	

续表

年份	体检项目	增加项目
2016	**科室检查** 一般检查 B、内科、男外科、视力色觉、外眼、裂隙灯检查、眼底镜检查、非接触性眼压测量、耳鼻咽喉科、口腔科 **实验室检查** 血常规、尿常规、肝功二项、肾功三项、空腹血糖（FBG）、糖化血红蛋白（HbA1C）、血脂四项、心肌酶三项、幽门螺旋杆菌抗体（Hp-Ab） 甲胎蛋白定量（AFP）、癌胚抗原定量（CEA）、前列腺肿瘤标志物组合、癌抗原 19-9（CA19-9）、神经元特异性烯醇化酶（NSE）、细胞角蛋白（Cyfra21-1） 尿 TCT、甲功五项 **医技检查** 腹部彩超、前列腺彩超、甲状腺彩超、颈动脉彩超、胸部正侧位、心电图、肺功能检查	增加 9 项：心肌酶三项，癌抗原 19 - 9（CA19 - 9）、神经元特异性烯醇化酶（NSE），尿 TCT，甲功两项，肺功能
2017	**科室检查** 一般检查 B、内科、男外科、视力色觉、外眼、裂隙灯检查、眼底镜检查、非接触性眼压测量耳鼻咽喉科、口腔科 **实验室检查** 血常规、尿常规、肝功二项、肾功三项、空腹血糖（FBG）、糖化血红蛋白（HbA1C）、血脂四项、幽门螺旋杆菌抗体（Hp - Ab）、EB 病毒抗 - VCAIgA、甲胎蛋白定量（AFP） 癌胚抗原定量（CEA）、前列腺肿瘤标志物组合、癌抗原 19-9（CA19-9）、神经元特异性烯醇化酶（NSE）、细胞角蛋白（Cyfra21-1）、甲功五项、微量元素五项 **医技检查** 腹部彩超、前列腺彩超、胸部正侧位、心电图、肺功能检查	基础项目减少颈动脉，甲状腺 2 项，增加 1 项可选项目
	可选项目 A 和 B（二选一）：A：甲状腺彩超、颈动脉彩超；B：心脏彩超	

续表

年份	体检项目	增加项目
2018	**科室检查** 一般检查、静脉抽血、内科检查、外科检查、耳鼻喉科一般检查、口腔科检查、眼科常规检查、非接触眼压、眼底检查、裂隙灯检查 **实验室检查** 血常规、尿常规、便常规、便潜血、、胆红素三项、肝功能四项、血脂四项、甲状腺功能五项、空腹血糖、糖化血红蛋白、肾功能三项） 幽门螺旋杆菌抗体、EB 病毒、甲胎蛋白、癌胚抗原、肺细胞角蛋白 21-1、前列腺特异抗原、游离前列腺特异性抗原癌抗原 19-9 **实验室检查** 肺功能、胸部正位 DR、骨密度检查、腹部彩超（肝胆胰脾肾）、颈动脉彩超、甲状腺彩超、男性前列腺彩超、心电图	增加 EB 病毒、颈动脉彩超
2019	**科室检查** 一般检查、静脉抽血、内科检查、外科检查、耳鼻喉科一般检查、口腔科检查、眼科常规检查、非接触眼压、眼底检查、裂隙灯检查 **实验室检查** 血常规、尿常规、便常规、便潜血、心电图、胆红素三项、肝功能八项、血脂四项、甲状腺功能五项、空腹血糖、糖化血红蛋白、心肌酶四项 同型半胱氨、肾功能三项、C 反应蛋白+抗 0+类风湿因子、C13 尿素呼气试验检查幽门螺旋杆菌、EB 病毒、甲胎蛋白、癌胚抗原、癌抗原 125、肺细胞角蛋白 21-1 前列腺特异抗原、游离前列腺特异性抗原、癌抗原 19-9、胃泌素 17、胃蛋白酶 I、胃蛋白酶 II、比值 **医技检查** 肺功能检查、胸部正位 DR、骨密度检查、腹部彩超（肝胆胰脾肾）、颈动脉彩超、甲状腺彩超、男性前列腺彩超 可选项目：四选一 1. 低剂量胸部 CT 2. 超声心动检查 3. 甲状腺功能五项升级到甲状腺功能七项 4. 四肢动脉硬化检测+	增加 10 项 心肌酶四项、同型半胱氨、C 反应蛋白+抗 0+类风湿因子、C13 尿素呼气试验检查幽门螺旋杆菌、 胃泌素 17、胃蛋白酶 I、胃蛋白酶 II、比值、颈动脉彩超。可选项目四选一

续表

年份	体检项目	增加项目
2020	**科室检查** 一般检查、静脉抽血、内科检查、外科检查、耳鼻喉科一般检查、口腔科检查、眼科常规检查、非接触眼压、眼底检查、裂隙灯检查 **实验室检查** 血常规、尿常规、便常规、便潜血、心电图、胆红素三项、肝功能八项、血脂四项、甲状腺功能五项、空腹血糖、糖化血红蛋白、心肌酶四项 同型半胱氨、肾功能三项、C 反应蛋白+抗 0+类风湿因子、C13 尿素呼气试验检查幽门螺旋杆菌、EB 病毒、甲胎蛋白、癌胚抗原、癌抗原 125、肺细胞角蛋白 21-1 前列腺特异抗原、游离前列腺特异性抗原、癌抗原 19-9、胃泌素 17，胃蛋白酶 I、胃蛋白酶 II、比值、HPV 四项检测 **医技检查** 肺功能检查、胸部正位 DR、骨密度检查、腹部彩超（肝胆胰脾肾）、颈动脉彩超、甲状腺彩超、男性前列腺彩超	—
	可选项目：四选一 1. 低剂量胸部 CT 2. 超声心动检查 3. 甲状腺功能五项升级到甲状腺功能七项 4. 四肢动脉硬化检测+	

第二章　教职工健康档案

健康档案是记录个人或群体与健康体检相关的一切数据资料与事件的档案，是健康档案的重要组成部分，也是实现健康管理的重要依据之一。健康档案管理即利用档案学的理念、技术和方法对包括健康体检档案在内的个人或群体的健康档案进行管理和提供利用的活动，是实现"健康中国"战略目标中"全人群"和"全生命周期"健康管理模式的重要基础，也是实现提供"公平可及"和"系统连续"的公共卫生服务的重要保障。在前述健康体检的基础上，校医院基于信息化建设的资源和平台优势，为每一位教职工建立健康档案，并在学校网络中心的大力支持下与学校大数据平台进行联通和整合，有效提升了教职工健康档案的价值，扩大了其使用范围。

第一节　教职工健康体检参与情况

本节以某高校教职工近年来年度健康体检的相关数据为依据，从教职工健康关注度的角度，对学校教职工的整体健康体检状况进行一个概括性描述。

2009 年，教职工体检率为 84.72%。2010 年，体检率为 82.53%。2012 年，在职职工本次健康体检应检人数为 1876 人，实检人数为 1609 人，体检率为 85.77%，其中男性应检人数 744 人，实检人数 612 人，体检率为 82.26%；女性应检人数 1132 人，实检人数 997 人，体检率为 88.07%，女性体检率高于男性，可见女性比男性更重视体检；30 岁以下人群体检率为 80.17%，31~40 岁为 84.45%，41~50 岁为 86.32%，51~60 岁为 88.76%，由此可见，教职工的年龄越大越重视体检，非教师岗位人员体检率（89.31%）高于教师岗位人员（84.07%），见表 1-5。

表 1-5　2012 年某高校不同年龄、性别、岗位人群体检参与度统计表

项目		应检人数（人）	实检人数（人）	体检率（%）
年龄（岁）	<30	121	97	80. 17
	31~40	714	603	84. 45
	41~50	614	530	86. 32
	51~60	427	379	88. 76
性别	男	744	612	82. 26
	女	1132	997	88. 07
岗位	教师	1268	1066	84. 07
	非教师	608	543	89. 31
合计		1876	1609	85. 77

2009—2019 年教职工体检参与度统计见表 1-6，教职工体检率柱状图如图 1-1 所示。从表 1-6 和图 1-1 中可以看出，该校教职工历年健康体检率均在 78%以上，体检率相对较高，反映出教职工的健康意识以及对自身身体健康的重视程度，也从一个侧面反映出学校各部门在体检前期准备、宣教工作，以及配套服务追踪等环节都做了大量细致的工作。

表 1-6　2009—2019 年教职工体检参与度统计表

年度	应检人数（人）	实检人数（人）	体检率（%）
2009	2226	1899	85. 31
2010	2387	1970	82. 53
2011	3041	2548	83. 79
2012	3183	2577	80. 96
2013	1862	1617	86. 84
2014	5175	4455	86. 09
2015	5413	4694	86. 72
2016	5681	4878	85. 87
2017	5867	4800	81. 81
2018	5952	4662	78. 33
2019	5460	4663	85. 40

注：2014 年以后，因高校合并，增加 4 个学院，故体检人数有明显增加

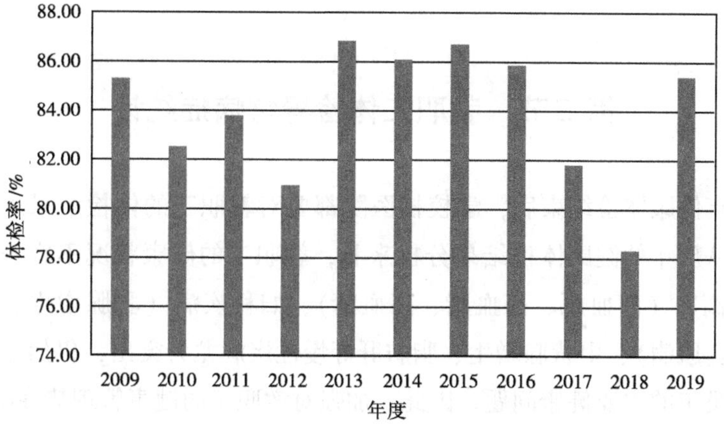

图 1-1　教职工体检率柱状图

从上述体检率统计结果中可以看出，每年仍有 10% 的应检人群放弃参加体检，校医院对教职工的弃检原因进行了一定的追踪调查，主要存在以下问题：

（1）部分职工对体检的重要性认识不足，对自己的身体健康不够重视，或认为自己的身体很好，不需要每年体检。

（2）部分职工处于疾病治疗期间，部分年轻女职工处于孕期、产假期间。

（3）个别职工忙于工作，错过体检时间。

（4）其他情况：如出差不能回京、自认为体检机构不如医院能保证质量、个人隐私问题（推测）等。

通过上述分析，校医院建议教职工首先要树立正确的体检观念，各单位领导也应对此问题予以足够重视，督促教职工按时参加体检，不断完善相关体检工作。

第二节 教职工体检异常病症统计

每年健康体检结束后，学校校医院都要对教职工的体检结果进行汇总分析，从历年的健康体检结果分析来看，教职工的健康状况不容乐观，其中“三高”（高血压、高血脂、高血糖）、妇科疾病（乳腺增生、子宫颈炎、子宫肌瘤）、甲状腺增生、脂肪肝等慢性疾病尤为突出，仍然是困扰学校教职员工的主要健康问题。因此，加强对教职工的健康管理势在必行。

一、健康体检常见疾病

表 1-7 为 2014 年体检结果中患病率超过 10%的疾病统计表，本次体检患病率排前两位的疾病为乳腺增生（检出率 89.00%）和甲状腺异常（49.32%），其他如屈光不正、血脂异常、超重、痔疮、脂肪肝、慢性宫颈炎、子宫肌瘤、前列腺增生、前列腺异常、乳腺结节、慢性咽炎、幽门螺杆菌抗体阳性、宫颈 TCT（提示重度炎症及微生物感染）、颈动脉超声异常、空腹血糖增高、肥胖等检出率均在 10%以上。

表 1-7 2014 年体检结果中患病率超过 10%的疾病统计

序号	项目	男		女		总计	
		检出人数（人）	检出率（%）	检出人数（人）	检出率（%）	总检出人数（人）	总检出率（%）
1	乳腺增生	—	—	1456	89.00	1456	89.00
2	甲状腺异常	383	38.69	913	55.74	1296	49.32
3	屈光不正	389	40.99	841	52.73	1230	48.35
4	血脂异常	471	47.48	469	28.70	940	35.80
5	超重	460	49.20	405	26.11	865	34.79
6	痔疮	110	13.87	681	44.66	791	34.12
7	脂肪肝	479	48.43	343	21.04	822	31.39
8	慢性宫颈炎	—	—	451	28.05	451	28.05
9	子宫肌瘤	—	—	406	25.25	406	25.25
10	前列腺增生	248	25.05	—	—	248	25.05

续表

序号	项目	男		女		总计	
		检出人数（人）	检出率（%）	检出人数（人）	检出率（%）	总检出人数（人）	总检出率（%）
11	前列腺异常	239	24.14	—	—	239	24.14
12	乳腺结节	—	—	338	20.66	338	20.66
13	慢性咽炎	198	21.15	257	16.42	455	18.19
14	幽门螺杆菌抗体阳性	240	24.19	231	14.14	471	17.94
15	宫颈 TCT（提示重度炎症及微生物感染）	—	—	224	15.61	224	15.61
16	颈动脉超声异常	235	23.74	114	6.96	349	13.28
17	空腹血糖增高	220	22.18	95	5.81	315	12.00
18	肥胖	174	18.61	116	7.48	290	11.67

二、综合排名前 10 病症统计

表 1-8 为 2010—2014 年 10 种主要疾病患病率统计表，可以看出，列检出率前 10 的病症分别为脂肪肝、高血压、高血脂、高血糖、慢性宫颈炎、乳腺增生、前列腺增生/肥大、慢性咽炎、血尿酸升高、甲状腺异常（注：历年排名有所变化）。

表 1-8　2010—2014 年 10 种主要疾病患病率统计

病名	发病率（%）				
	2010 年	2011 年	2012 年	2013 年	2014 年
脂肪肝	33.67	40.68	35.66	33.40	31.39
高血压	20.02	18.87	19.53	10.51	9.64
高血脂	40.92	18.21	37.76	34.53	35.80
高血糖	9.26	4.93	24.71	10.91	12.00
慢性宫颈炎	37.93	45.09	27.43	27.58	28.05
乳腺增生	50.62	48.96	83.57	61.05	89.00
前列腺增生/肥大	36.18	7.49	46.27	27.05	25.05
慢性咽炎	17.58	18.73	18.73	16.29	18.19
血尿酸升高	7.95	1.00	10.09	9.24	9.48
甲状腺异常	29.39	28.00	49.86	47.58	49.32

2017—2019 年体检异常综合排名前 10 的病症统计见表 1-9 和图 1-2。其病种与 2010—2014 年间有所变化，在历年体检异常结果中，甲状腺异常、乳腺增生、超重、慢性咽炎、血脂异常、脂肪肝、痔疮、子宫肌瘤等常见病和慢性病都位居前列。

表 1-9　2017—2019 年体检异常综合排名前 10 的病症统计

疾病名称	异常人数（人）			占总人数的百分比（%）		
	2019 年	2018 年	2017 年	2019 年	2018 年	2017 年
甲状腺异常	1575	2046	1299	81.27	64.30	68.44
前列腺增生	488	493	574	65.33	39.92	73.97
骨质减少	1025	1229	7	54.43	42.53	46.67
脂肪肝	910	1227	888	46.98	38.66	46.08
痔疮	757	1204	801	44.48	43.50	46.14
乳腺增生	776	1345	814	43.16	45.86	44.80
颈动脉超声异常	824	667	613	42.52	20.99	37.54
白内障	729	470	702	38.84	15.44	37.26
视网膜血管病	483	424	604	25.75	13.93	32.06
肝囊肿	492	427	420	25.40	13.45	21.80

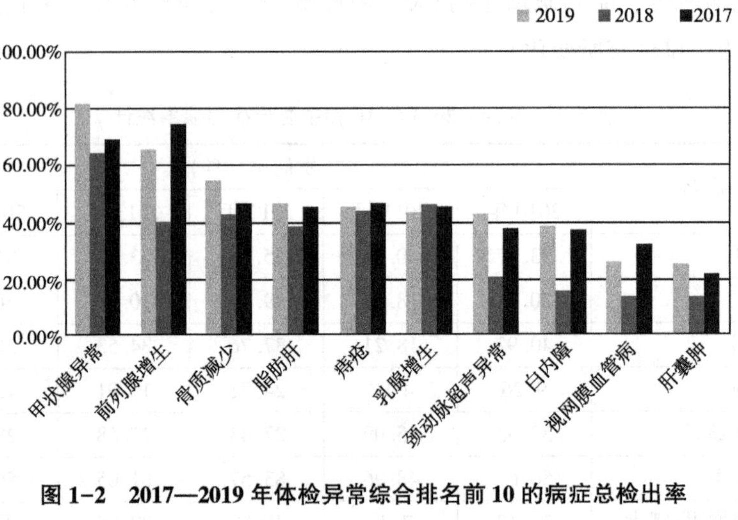

图 1-2　2017—2019 年体检异常综合排名前 10 的病症总检出率

从体检异常综合排名前 10 的病症来看，这一方面与教职工的职业和群体特征有关，另一方面也与整个群体年龄相应疾病谱、女性群体占比较高有关。三年总检出率前 10 位的疾病中，2019 年、2018 年甲状腺异常的检出率居于首位，2017 年前列腺增生的检出率居于首位，其中甲状腺异常、前列腺增生、骨质减少、脂肪肝、痔疮、颈动脉超声异常、白内障、视网膜血管病、肝囊肿的检出率呈先下降再上升的变化趋势；乳腺增生的检出率呈先上升再下降的变化趋势。

三、男性排名前 10 的病症统计

2017—2019 年体检异常男性排名前 10 的病症统计见表 1-10 和图 1-3。在历年男性体检异常结果中，甲状腺异常、前列腺增生、骨质减少、脂肪肝、白内障、颈动脉超声异常、视网膜血管病、肝囊肿、肾囊肿分别居前 10 位。

表 1-10　2017—2019 年体检异常男性排名前 10 的病症统计

疾病名称	异常人数（人）			占总人数的百分比（%）		
	2019 年	2018 年	2017 年	2019 年	2018 年	2017 年
甲状腺异常	573	692	441	76.71	55.99	58.41
前列腺增生	488	493	574	65.33	39.92	73.97
骨质减少	418	520	1	57.73	45.57	50.00
脂肪肝	364	627	378	48.73	50.85	48.77
白内障	320	215	318	44.51	18.39	42.12
颈动脉超声异常	311	335	234	41.63	27.15	36.73
视网膜血管病	234	203	284	32.55	17.37	37.62
肝囊肿	212	177	174	28.38	14.36	22.45
肾囊肿	194	177	155	25.97	14.36	19.97

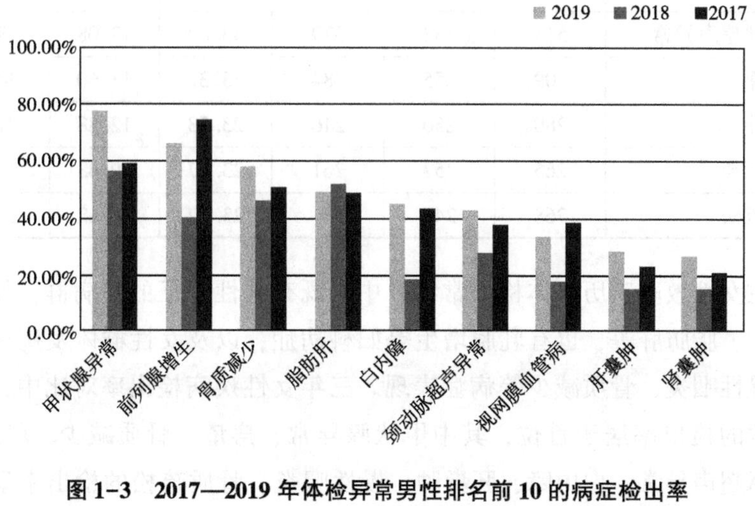

图 1-3　2017—2019 年体检异常男性排名前 10 的病症检出率

在男性教职工历年体检异常结果中，既有共性特征的疾病群，如甲状腺异常、脂肪肝等，也有前列腺增生、前列腺炎等男科病症，以及男性群体发病相对偏高的肝囊肿、肾囊肿等病症。三年男性疾病检出率对比中，2019 年、2018 年甲状腺异常的检出率居于首位，2017 年前列腺增生的检出率居于首位，其中甲状腺异常、前列腺增生、骨质减少、白内障、颈动脉超声异常、视网膜血管病、肝囊肿、肾囊肿的检出率呈先下降再上升的变化趋势；脂肪肝的检出率呈先上升再下降的变化趋势。

四、女性排名前 10 的病症统计

2017—2019 年体检异常女性排名前 10 的病症统计见表 1-11 和图 1-4。在历年体检异常结果中，甲状腺异常、乳腺增生、痔疮、骨质减少、脂肪肝、颈动脉超声异常、白内障、肝囊肿、慢性咽炎、骨质疏松分别居前 10 位。

表 1-11　2017—2019 年体检异常女性排名前 10 的病症统计

疾病名称	异常人数（人）			占总人数的百分比（%）		
	2019 年	2018 年	2017 年	2019 年	2018 年	2017 年
甲状腺异常	1002	1354	858	84.13	69.58	75.07
乳腺增生	776	1345	814	65.21	69.15	70.48
痔疮	625	986	672	57.13	55.39	62.57
骨质减少	607	709	6	52.37	40.54	46.15
脂肪肝	546	600	510	45.88	30.91	44.27
颈动脉超声异常	513	332	379	43.07	17.08	38.05
白内障	409	255	384	35.32	13.60	34.01
肝囊肿	280	250	246	23.53	12.88	21.35
慢性咽炎	265	357	261	23.47	19.43	23.75
骨质疏松	268	247	3	23.12	14.12	23.08

在女性教职工历年体检异常结果中，既有共性特征的疾病群，如甲状腺异常、脂肪肝等，也有乳腺增生等妇科病症，以及女性群体发病相对偏高的慢性咽炎、骨质减少等病症表现。三年女性疾病检出率对比中，甲状腺异常的检出率居于首位，其中甲状腺异常、痔疮、骨质减少、脂肪肝、颈动脉超声异常、白内障、肝囊肿、慢性咽炎、骨质疏松的检出率呈先下

降再上升的变化趋势；乳腺增生的检出率呈逐渐下降的趋势。

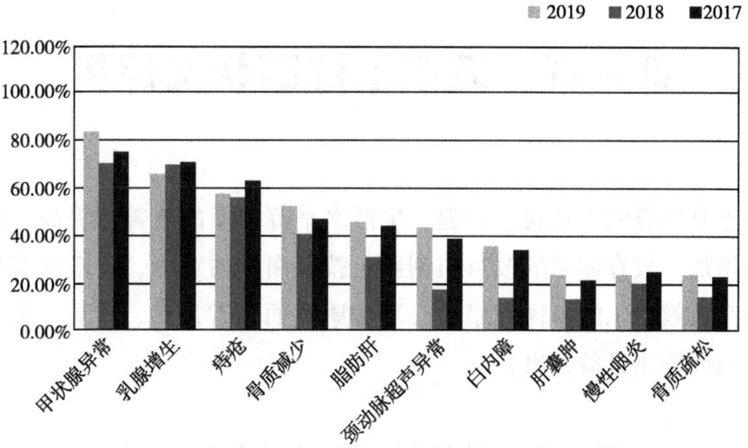

图 1-4　2017—2019 年体检异常女性排名前 10 的病症检出率

第三章 教职工健康状况评析

随着高校教职工地位、待遇、生活水平等方面的改善与提高，其压力也不断增加。教育体制的改革与创新、教育岗位的竞争、聘任制等举措的实施使高校教职工的身体健康及心理健康方面经常预支、透支。高校教职工的健康问题正日益突出。

第一节 教职工健康状况总体评析

从体检结果可以看出，教职工整体健康状况喜中有忧。以上海市一项研究发布的白领人群健康体检异常率为参照，该校教职工虽然年龄构成明显偏大，但整体的健康体检异常检出率却明显偏低，这一方面与学校对教职工身心健康的重视，以及创造的健康环境有关；另一方面也与教职工较为便捷的医疗检查、咨询条件有关。此外，该校教职工体检结果与其他知识分子人群的健康体检结果对照，也明显高于均值水平，这是可喜的一面。但同时也有令人担忧的一面，那就是该校教职工慢病检出率、健康问题年轻化、女性乳腺增生、男性前列腺增生及教师职业病等问题仍较突出。

一、慢病检出率较高

从该高校的体检结果可以看出，教职工的慢病检出率明显偏高，以超重、高血脂、高血压、高血糖、脂肪肝为代表的慢病危险因素检出率有逐年升高的趋势。分析其原因，该校教职工年龄是主要的影响因素，而与其以亚健康为主的异常结果存在较大差异。从这一角度来看，学校在积极控制慢病因素，发挥积极预防和截断扭转作用上，还有很多工作要做。

二、健康问题年轻化

从该高校的体检结果可以看出，年轻教职工的疾病检出率有上升趋势，该群体的健康状况不容乐观。分析其原因，中青年教职工作为学校教学和科研工作的骨干力量，工作任务繁重；并且已婚教职工占绝大多数，家庭负担较重，因而需要付出更多的时间和精力，这都造成了该群体具有较大的工作压力，进而导致身体亮起红灯，出现健康问题。另外有些年轻人的不良生活习惯也会导致出现健康问题，如作息不规律、饮酒、饮食习惯不健康、缺乏锻炼等。

三、女性教职工乳腺增生问题突出

从体检结果分析可以看出，女性教职工较高发的疾病是乳腺增生，检出率达到70%以上。乳腺增生已经成为困扰女性教职工健康的重要问题，分析其原因，年龄增大、体力过度消耗、工作压力大、有流产史、生育小孩晚是乳腺增生的危险因素，发生乳腺增生是多种因素共同作用的结果，对于高校教职工，应有针对性地采取各种预防措施缓解相关问题。此外，宫颈炎、阴道炎、子宫肌瘤等妇科疾病也有一定的检出率。

四、男性教职工前列腺增生问题突出

男性教职工较高发的疾病是前列腺增生，检出率达70%。同时前列腺增生、慢性前列腺炎年轻化趋势也同样突出，这一问题需引起学校的高度重视。随着生活节奏加快，高校教职工教学、科研工作压力加大，教学备课使其长期久坐、憋尿等都是引起前列腺疾病的重要因素。适度调整工作和生活习惯，定期进行前列腺疾病普查是早期防治和做好前列腺疾病保健的重点。

五、教师职业病应予以重视

高校教师不仅是集脑力与体力劳动于一体的职业，也承受着较大的职业压力，由于其职业的特殊性，身体健康备受疾病的困扰。从该高校体检结果分析可知，教师常见职业病仍然给部分教职工的健康问题带来了困扰，如咽喉炎、静脉曲张、颈椎和腰椎疾病等都需要予以适度关注。

第二节 教职工健康状况个案评析

教职工健康档案内容主要包括每年体检结果，重点人群、重大疾病和相关健康数据的跟踪监测，以及日常门诊用药情况和反馈等。本节以学校健康体检中的几个典型阳性发现及时诊治案例为例，通过健康体检发现阳性指标或健康问题后，学校也对教职工的后续进一步诊治进行了跟踪服务，并在健康档案中进行了系统记录，下面对几例典型的教职工的健康档案情况进行介绍。

案例 1

×××，女性，58 岁

2015 年 6 月体检结果：

1. 室性早搏

内科查体：心律不齐呈二联律；电脑多导联心电图：窦性心律，室性早搏二联律；动态心电图检查结果：窦性心律，平均心率 52 次/分；频发室性早搏共 36370 次，部分呈二联律或三联律，可见偶发间位性室性早搏。

治疗建议：结合临床心内科诊治。

2. 13C-尿素呼气试验检查幽门螺杆菌：升高

治疗建议：提示幽门螺杆菌感染，建议消化内科咨询治疗。

3. 左眼视力下降

治疗建议：验光，或到眼科进一步检查。

4. 双眼眼压高

治疗建议：眼科就诊，筛查青光眼。

5. 双眼视网膜动脉硬化Ⅰ°

治疗建议：控制血压，低盐、低脂饮食。

6. 龋齿

治疗建议：充填治疗。

后续诊治情况：

2015 年 6 月 25 日，针对 24 小时动态心电图：室性早搏 36370 次，其中单发 34030 次，成对 156 次，可见二联律、三联律；临床无不适。建议安贞医院系统诊治。针对幽门弯曲菌感染，询问病史偶有反酸。建议消化内科系统诊治。

2015 年 6 月，到中日医院消化内科行胃镜检查，后予阿莫西林+克拉霉素+枸橼酸必钾片+泮托拉唑四联治疗 2 周。

2015 年 6 月，到安贞医院心内科：超声心动图：左房增大，三尖瓣返流；心率 60 次左右，用索他洛尔 40 毫克 bid，后明显好转，多次查心电图正常，改索他洛尔 40 毫克 qd 维持。

2015 年 8 月，病情平稳，来院诉在中日医院行碳 13 呼气试验，幽门弯曲杆菌阴性。心电图：大致正常。

2017 年 5 月 16 日，感觉心悸不适，查动态心电图：窦性心律，偶发房早，偶发室早。

2017 年 5 月 31 日，心电图：频发室早。建议安贞医院心内科诊治。

2017 年 6 月 2 日，安贞医院心内科任学军主任指示：索他洛尔改 40 毫克 bid。效果欠佳。

2017 年 7 月 12 日，再次到安贞医院心内科诊治，改为美西律 0. 1 bid。口服一年余，自觉症状不重，效果欠佳，停药。

2021 年 3 月 31 日，年度复查心电图提示：室早二联律 24 小时动态心电图频发室早 30533 次/分，ST—T 未见明显异常。建议心内科系统治疗。

2021 年 4 月 16 日，去中日友好医院诊治，心脏超声（中日友好）提示右心增大，三尖瓣反流（轻–中度）建议行心脏核磁检查。建议心内科诊治。

2021 年 4 月 23 日，去协和内科诊治，协和医院心内科主任医师建议射频消融治疗。

2021 年 4 月 29 日，在安贞医院心内科行心脏射频消融术。术后心电图正常。无任何不适。

案例 2

×××，女性，45 岁

2018 年 7 月 14 日体检结果：

1. 轻至中度脂肪肝

2. 体重指数及体脂肪率均增高

3. 甘油三酯增高
4. 甲状低回声结节
5. 颈动脉斑块

后续诊治情况：

2018年7月18日，患者无不适主诉，体检结果提示体重指数及体脂率增高、甘油三酯增高、轻至中度脂肪肝、颈动脉斑块、甲状低回声结节。建议：（1）健康生活方式、低盐低脂饮食、适量运动、口服多烯酸乙酯。定期检测血脂。（2）综合医院复查甲状腺B超。

2018年9月14日，无不适主诉，体重有减轻，约3kg。化验甘油三酯2.16，较2018年7月14日的2.9有好转。在协和医院复查甲状腺B超后提示甲状腺低回声结节，边界不清，形态不规，约0.5×0.3×0.4cm。建议穿刺病理检查。嘱协和医嘱。

2018年10月15日，患者无不适主诉，协和医院甲状腺被穿刺病理为甲状腺乳头状癌，建议手术切除。嘱协和医嘱。保持心情舒畅。

2018年11月25日，患者来院诉于协和医院外科行甲状腺全切及颈部淋巴结清扫术。术后病理提示：甲状腺乳头状癌，未见淋巴结转移。术后口服优甲乐100mg/日。目前无不适主诉。手术切口愈合良好。对其进行健康宣教：（1）甲状腺素的口服注意事项：定时、定量、单独口服；（2）定期监测甲状腺功能；（3）保持心情舒畅，避免劳累及熬夜。

2019年1月5日，患者无不适主诉，监测甲功五项正常，甲状腺球蛋白0.12。目前病情平稳。嘱其监测血脂，适量运动。

2019年5月25日，患者无不适主诉，监测甲功五项正常，甲状腺球蛋白0.12。目前病情平稳。血脂TG2.05，余项正常。嘱其饮食控制，适量运动。

2019年7月15日，患者无不适主诉，监测甲功五项正常，甲状腺球蛋白0.12。目前病情平稳。血脂TG1.95，余项正常。嘱其饮食控制，适量运动。

2019年9月15日，患者无不适主诉，诉减重3kg。腹部B超：轻度脂肪肝。监测甲功五项正常，甲状腺球蛋白0.12。目前病情平稳。血脂TG1.95，余项正常。嘱其饮食控制，适量运动。建议定期专科复查。

2019 年 12 月 15 日，患者无不适主诉，诉减重 2kg。协和医院普外科复查甲状腺 B 超及颈部淋巴结 B 超正常，甲状腺功能正常。目前病情平稳。血脂 TG1.75，余项正常。嘱其饮食控制，适量运动。

2020 年 3 月 17 日，患者无不适主诉，诉减重 3kg。腹部 B 超：轻度脂肪肝。监测甲功五项正常，甲状腺球蛋白 0.12。目前病情平稳。血脂 TG1.95，余项正常。嘱其饮食控制，适量运动。

案例 3

×××，男性，48 岁

2020 年 12 月体检结果：

1. 轻至中度脂肪肝
2. 体重指数及体脂肪率均增高
3. 本次体检血压正常高值（收缩压 120～139mmHg 和/或舒张压 80～89mmHg）；未提供高血压病史
4. 屈光不正、矫正视力欠佳
5. 血红蛋白轻度增高
6. 中性粒细胞百分比降低；淋巴细胞百分比增高
7. 甘油三酯增高
8. 颈动脉斑块

后续诊治情况：

2021 年 1 月 14 日，针对体检异常情况总结主要问题就是代谢的矛盾。高脂血症、肥胖、脂肪肝、血压正常高值、颈动脉斑块都与脂类代谢有关。建议：（1）健康生活方式：戒烟限酒、增加运动（每周至少 3 次慢跑快走，每次大于 30min）、清淡饮食（低盐低脂）。（2）加用治疗降低甘油三酯的药物，多烯酸乙酯，0.5tid。（3）监测血脂、血压。

2021 年 3 月 18 日，精神状态较好，体重减轻 3kg，已经行饮食控制，戒烟限酒，增加了体育运动，每晚快走六公里。测血压 125/80mmHg。化验血脂 TG（甘油三酯）2.15，较 2020 年 12 月的 TG2.95 下降明显。继续目前改善生活方式、口服多烯酸乙酯，监测血脂、血压。

2021 年 5 月 17 日，精神状态好，体重减轻 4kg，已经行饮食控制，戒烟限酒，增加了体育运动，每晚快走六公里。测血压125/80mmhg。化验血脂TG（甘油三酯）1.95，较2020年12月的TG2.95下降明显。继续目前的改善生活方式、口服多烯酸乙酯，监测血脂、血压，可以预约腹部超声检查。

从上述病例的诊疗过程可以看出：预防为主，早发现、早诊断、早治疗的大健康理念已融入校医院的日常工作中，通过健康体检，使教职工准确了解自己的健康和潜在隐患状况，并在校医院的指导下进行进一步的诊断和治疗，促进身体向健康的趋势发展，达到改善健康状态、提高生命质量的目的。

档案

第二篇
亚健康与常见疾病预防

世界卫生组织根据近半个世纪的研究成果，将“健康”定义为“不但是身体没有疾病或虚弱，还要有完整的生理、心理状态和社会适应能力”。健康是在身体上、心理上和社会上不同层面都达到的一种完满状态，是包括躯体健康、心理健康、社会适应良好和道德良好的一个理想状态。1992年，世界卫生组织在著名的《维多利亚宣言》中首次提出健康“四大基石”的概念，即合理膳食、适量运动、戒烟限酒、心理平衡。中国工程院院士、卫生部脑卒中筛查与防治工程委员会副主任王陇德也曾公开强调，抓好健康四大基石对现代人的健康至关重要。

据中国医学专家介绍，中国符合世界卫生组织关于健康定义的人群只占总人口数的15%，与此同时，有15%的人处在疾病状态中，剩下70%的人处在亚健康状态。根据前述某高校的教职工健康体检报告也可以看出，绝大多数教职工通过体检筛查出一些健康异常指标，多数教职工已处于亚健康状态。本篇主要结合教职工体检异常的指标，对亚健康与常见疾病的基本情况和基本知识进行介绍，以期引起广大教职员工的重视。同时，教职工的心理健康也是健康的重要组成部分，也应予以重点关注。学校各方也应努力开展健康体检和健康管理工作，通过健康促进与健康教育，从根本上推行健康的行为和生活方式，减少和消除影响人们健康的危险因素，防病于未然，改善整体健康水平，保证教职工的身心健康。

第一章　教职工亚健康

随着现代社会生活节奏的加快，高强度的工作也给教职工的生理和心理造成了不小的压力，教职工的亚健康问题日益凸显。亚健康是近年来医学界提出的新概念，是人们表现在身体、心理及社会适应等方面介于健康与疾病之间的一种低质量生存状态，主要指机体虽然没有明确指征以确定疾病诊断，却呈现出生命活力降低，各系统生理功能和代谢过程紊乱，机体处于健康与疾病之间的一种状态。亚健康状态又称为第三状态，也称为灰色状态、病前状态、亚临床期、临床前期或潜病期等，如果这种状态不能得到及时的纠正，非常容易引起各种心身疾病。

结合本书采用的某高校教职工的健康体检结果，亚健康已经成为困扰教职工的重要问题。

第一节 亚健康的症状与危害

据国家卫生部门调查数据显示，我国都市人群健康状况不甚理想，疲劳、失眠、焦虑等亚健康状态人群已占七成。在不同地域和不同人群中，亚健康的比例有所差异，如北上广等一线城市则超过80%，白领阶层中比例更高，甚至超过了90%，而且越来越年轻化。在高校教职工人群中，教师中的亚健康比例明显高于行政和其他人员，并有向职业性疾病发展的趋势。例如，据统计，70.29%的教师有不同程度的咽喉痛，80.15%的教师感到颈部酸痛，79.23%的教师感到腰背酸痛和下肢麻木、胀痛等。疲劳是教师普遍感受到的一种症状，这也是亚健康状态的典型症状。

一、亚健康的症状

亚健康的主要表现以自我感知的种种不适为主，如精神不振、精力不够集中、疲乏无力、肌肉关节酸痛、头晕头痛、学习困难、记忆力下降、睡眠障碍、心悸胸闷、情绪不稳定、烦躁不安等。

1. 亚健康的10种典型表现

（1）心慌气短，胸闷憋气，心烦意乱，夜寐不安。

（2）易出虚汗，怕冷，抵抗力低下，容易感冒。

（3）舌尖红，苔厚腻，口苦，咽干，大便干燥，小便短赤。

（4）面色憔悴或萎黄，双目晦暗无神，眼圈发黑或青。

（5）晨起或劳累后足踝或小腿肿胀。

（6）指甲无光泽，月痕形状十指差异明显，甲面有白点等。

（7）女性月经异常，经期无规律，经量色质异常，有严重痛经。

（8）胸腹常感胀满不适，食欲不佳，食后消化不好，经常腹泻。

（9）经常下午体温低幅度升高，手心热，全身倦怠乏力。

（10）视力短期内下降迅速且伴目胀、头痛、恶心等。

2. 亚健康的3种状态

(1) 躯体性亚健康状态。表现为身体各系统广泛的慢性疲劳。总感到身体不舒服，困倦疲乏、四肢无力、肌肉酸痛、失眠焦虑、郁闷烦躁、头晕眼花、视力下降、注意力不集中、记忆衰退、反应迟钝等，身体功能下降，长期、持续处于极度疲劳状态。如果长期过度疲劳的状态不能及时得到缓解，则极易积劳成疾而致“过劳死”。

(2) 心理性亚健康状态。表现为情绪波动频繁、烦躁、恐惧、嫉妒、焦虑，对生活、学习、工作丧失兴趣，怀疑自我价值，经常心理不平衡，有时会严重到出现胃痛、心悸、失眠等症状。

(3) 人际交往性亚健康状态。表现为不能与人良好沟通，人际关系紧张，不能较好地承担相应的社会角色，工作、学习状态不佳，态度不积极，家庭关系不和睦，难以进行正常的社会交往等。

3. 亚健康对身体的影响

(1) 躯体方面。表现为失眠、入睡困难，早醒，多梦、常做噩梦，经常头痛、头闷胀、头昏、记忆力减退、全身无力、困乏、特别容易疲劳、稍一活动则气短汗出、肌肉酸困、关节疼痛等症状。

(2) 心理方面。表现为精神萎靡不振、情绪低落、反应迟钝、记忆力减退、焦虑烦躁、恐惧不安、莫名其妙地出现心烦意乱，遇事爱生气，易紧张和恐惧等感觉。

(3) 情感方面。表现为冷漠、无望、无助、孤独、空虚、机械、轻率等。

(4) 其他方面。心血管方面：经常感到心慌、气短、胸闷、憋气。消化方面：不思饮食、纳呆、视力下降。骨关节方面：经常感到腰酸背痛、关节不适或浑身不舒服。泌尿生殖方面：性功能低下或者性要求突然减少，尿频、尿急等。

二、亚健康的危害

1. 亚健康状态人群的“六高一低”和“一增三减”

“六高一低”是指负荷高、血压高、血糖高、血脂高、血黏度高、体重高增长和免疫力低下。

“一增三减”是指疲劳增加，生命活力、社会适应性和反应灵敏度减退。亚健康也是大部分慢性疾病的前期状态，亚健康人群是心脑血管疾病、糖尿病和部分恶性肿瘤的高危人群，是由于免疫力低下、身体功能受多种不利因素长期困扰所致。亚健康状态与生物功能紊乱构成因果恶性循环，直接影响睡眠等基本生命质量，并加速慢性疾病的发生、发展。长期处于亚健康状态的人群寿命明显缩短，可导致多病或英年早逝。

2. 长期处于亚健康状态可能导致不孕不育

青年男女若长期处于亚健康状态，会让怀孕变得困难。专家认为，育龄男士精液质量不断下降与亚健康有直接的关系。20 世纪二三十年代，医院临床精子数量正常参考值为每毫升 1 亿个，20 世纪 80 年代为 6000 万个，而目前的参考值则为 2000 万个。每毫升 2000 万个在过去属于少精症范畴，即使是这样，仍然有许多育龄男士达不到标准。

第二节　亚健康的防治

从高校教职工的职业特点来分析，导致亚健康发生的主要危险因素包括工作压力、心理因素和不良行为习惯等。处于亚健康状态的人，要么克服亚健康，成为健康人；要么这样发展下去而产生疾病。只要我们多关心一些自己的身体，注重健康饮食，坚持运动锻炼，抱以平和的心态，定期做健康体检，及时了解自己的健康状况，及早发现疾病，做到无病防病、有病早治，把疾病消灭在萌芽状态，就可以健康并快乐地生活。

一、亚健康防治的四大法则

1. 健康的心理素养

自觉完善人格，确立正确的自我认知，保持心态平衡，陶冶情操，调节情绪，增强面对应激的能力。良好的心理状态有助于分泌激素和乙酰胆碱等神经递质，可调节机体至最佳状态，提高机体免疫力。

2. 良好的生活方式

疾病、亚健康多由许多不良生活方式引发，因此保持合理的生活方式、营养平衡的饮食、科学的运动和愉快的情绪是预防亚健康发生的主要方法。

3. 完善的医疗服务

（1）心理治疗：如认知疗法、森田疗法、生物反馈疗法等。

（2）中西医结合治疗：西药可选择性应用5-HT再摄取抑制类药物等。中医治疗亚健康，采用个体化治疗，辨证论治，并强调中西医结合，更有益于亚健康的治疗。

（3）生物物理治疗：可解除疼痛，缓解疲乏，促进炎症吸收，改善亚健康状态。

（4）音乐疗法：音乐之所以能治病，在于人体是由许多有规律的振动系统构成。当人生病时，体内节奏处于异常状态。音频和谐的乐曲可使人体的各种振频更加协调，从而有益于患者恢复健康。

4. 适宜的体育活动

心理健康是构成人体健康的重要部分，而我们所进行的强度适宜的体育活动，能唤起人们良好的心理调节活动，使人振奋精神，消除疲劳，缓解焦虑和抑郁。通过体育锻炼能锤炼意志、提高抗挫折能力等。从而实现对人生物功能与社会功能间的调控。

二、九个方法让你远离亚健康

（1）制订饮食计划：每个月应称称体重，再根据季节的食物供应制定下月食物种类、搭配等。

（2）每天 6~8 杯水：水是生命之源，多数营养物质需要溶解在水中才能被吸收利用。

（3）每天 1~2 个水果：水果有“三宝”：维生素、无机盐和膳食纤维，对维持人体健康有着特殊的作用。

（4）每天 1 杯奶：营养学界一直呼吁“为全民健康加杯奶”。奶类除含丰富的优质蛋白质和维生素外，含钙量也较高，且利用率也很高，是天然钙质的极好来源。

（5）戒烟：吸烟绝对要禁止。众多医学研究已证实，吸烟可导致肺癌、心脑血管疾病、肺气肿等多种疾病，是危害人类生命健康的第一杀手。

（6）节酒：总的来看，酒精对人体的影响弊多利少。饮酒可导致食欲下降，影响正常进食，以致导致各种营养素缺乏。

（7）定期称体重：体重是生命指征，其重要性与呼吸、心跳、血压和脉搏一样重要。

（8）开始运动：生命在于运动，早一日开始运动，早一日开始健康。

（9）全面查体：一年一次的全面体检对每个人来说都很重要，它可以早期发现疾病，为治疗赢得宝贵的时间；或发现引发疾病的危险因素，使我们能防患于未然，降低很多种疾病的发生率。

提示：最好的医生就是自己，在生活中要积极发现自己的亚健康状态，积极主动地选择健康的生活方式（包括合理膳食、规律起居、保证睡眠、劳逸结合、戒烟限酒、适量运动、心理平衡），靠自己解决问题。健康的生活方式是经过亿万人的长期实践所验证的，是经过大量科学研究证明的，是行之有效的，是科学的，人们如果都能恪守这种新的健康生活方式，据统计可以使我国的高血压病减少55%，脑卒中、冠心病减少75%，糖尿病减少50%，肿瘤可减少三分之一，平均生命可延长10年以上，可见重视这种生活方式对健康有着重大而深远的意义，让我们从现在开始，从自己开始行动吧。

第二章　教职工常见疾病及预防

从近几年的健康体检结果分析来看，高发病的病种基本相同。其中高血压、高血脂、高血糖和乳腺增生、子宫颈炎、子宫肌瘤尤为突出，仍然是学校教职员工存在的主要健康问题。甲状腺结节、高尿酸的患病率有明显增高。“乳腺增生、子宫颈炎、子宫肌瘤是妇女常见多发病，严重影响着女教职工的身心健康，给生活、家庭、工作带来了很大的困扰。此外，超重肥胖、血压升高、血脂异常、糖尿病等慢性疾病也是心血管病的高危因素，肿瘤等恶性疾病也应被高度重视。

第一节　“三高”疾病

“三高”主要指高血压、高血脂、高血糖，随着近年来人们生活水平的提高，患上这三种疾病的人群越来越庞大，“三高”以高患病率、高危险性、高医疗费用著称，已成为危害人们身心健康的突出问题。预防和控制“三高”刻不容缓。这三种疾病通常均无明显症状，因此被称为“无声的杀手”，继续发展可导致严重后果。当出现“三高”以后，最主要的危害就是，心脑血管疾病的发病率会明显地增加，如心血管病、冠心病、心肌梗死、脑血管病、急性脑梗塞、急性脑出血等疾病的发病率增高。对于高血糖，患者会出现高血糖相应的损伤，如心、脑、肾、眼等相关脏器的损伤，且这些损伤是不可逆的。

一、教职工“三高”检出情况分析

学校教职工体检中，“三高”检出率逐年有所上升，下面以某年度不同人群“三高”检出情况为例，对不同人群、不同职称和职务、不同年龄及性别的教职工患病情况进行分析。

1. 各单位“三高”人群检出情况

各单位“三高”人群检出情况见表 2-1。从表中可以看出，高血压检出率排在前三位的单位为J学院、I学院和机关单位，高血脂患病率排在前三位的单位为J学院、机关单位和D学院，高血糖患病率排在前三位的单位为J学院、A学院和机关单位。

表 2-1 各单位“三高”人群检出情况统计表

单位	高血压		高血脂		高血糖	
	患病人数（人）	患病率（%）	患病人数（人）	患病率（%）	患病人数（人）	患病率（%）
机关单位	78	13.59	179	31.19	89	15.51
基础教学部门	23	8.68	57	21.51	25	9.43
A学院	32	11.72	72	26.37	45	16.48
B学院	6	5.22	31	26.96	12	10.43
C学院	9	3.80	33	13.98	13	5.50
D学院	5	4.90	28	27.45	12	11.76
E学院	2	1.74	26	22.61	6	5.21
F学院	6	6.67	19	21.11	9	10.00
G学院	4	6.15	16	24.62	5	7.69
H学院	3	2.48	24	19.83	5	4.13
I学院	4	18.18	6	27.27	2	9.10
J学院	3	21.43	8	57.14	6	42.86
合计	175	9.33	499	26.60	229	12.21

2. “三高”人群年龄及性别检出情况

“三高”人群年龄及性别分布情况见表2-2。从表中可以看出，教职工中随着年龄的增大患病率增高，男性高血压、高血脂患病率明显高于女性，高血糖患病率男女无明显差别，基本符合我国“三高人群”流行病学调查结果。

表 2-2 “三高”人群年龄及性别分布情况统计表

年龄（岁）	高血压		高血脂		高血糖	
	患病人数（人）	患病率（%）	患病人数（人）	患病率（%）	患病人数（人）	患病率（%）
<30	3	2.48	0	0.00	5	4.13
31~40	30	4.20	125	17.51	33	4.62

续表

年龄（岁）		高血压		高血脂		高血糖	
		患病人数（人）	患病率（%）	患病人数（人）	患病率（%）	患病人数（人）	患病率（%）
41~50		62	10.10	185	30.13	99	16.12
51~60		79	18.50	165	38.64	92	21.55
性别	男	118	19.28	280	45.75	153	25.00
	女	55	5.52	219	21.97	229	22.97

3. 不同职称、职务人群“三高”检出情况

不同职称、职务人群“三高”检出情况见表 2-3。从表中可以看出，教职工中职称越高患病率越高，职务越高患病率越高。这与工作压力大，不合理的生活方式以及缺少体育锻炼有关。

表 2-3 不同职称、职务人群“三高”检出情况统计表

职级		高血压		高血脂		高血糖	
		患病人数（人）	患病率（%）	患病人数（人）	患病率（%）	患病人数（人）	患病率（%）
职称	正高	12	13.19	38	41.76	19	20.88
	副高	38	10.16	110	29.41	42	11.23
	中级	62	6.47	221	23.07	90	9.39
	助理级	11	9.57	35	23.33	15	10.00
职务	正处	17	23.29	32	43.83	14	19.18
	副处	16	18.82	36	42.35	21	24.71
	科级	8	10.26	25	33.33	11	14.67

4. 教师与非教师岗位人群“三高”检出情况

教职工中，教师与非教师岗位人群“三高”检出情况见表 2-4。从表中可以看出，非教师岗位人群比教师岗位人群患病率高，分析其原因，可能与非教师人群工作内容以服务性事务为主体，事务较繁杂、应酬较多、运动少、生活不规律等有关。

表 2-4　教师与非教师岗位人群“三高”检出情况统计表

岗位	高血压		高血脂		高血糖	
	患病人数（人）	患病率（%）	患病人数（人）	患病率（%）	患病人数（人）	患病率（%）
教师	94	6.87	315	23.02	137	10.01
非教师	79	12.99	184	30.26	92	15.13
合计	173	11.00	499	31.00	229	14.00

5. “三高”重复患病检出情况

“三高”重复患病人群检出情况见表 2-5。从表中可以看出，高血压、高血脂、高血糖三者关系密切，互为因果，如果既有高血压，又有高血脂，甚至还有高血糖，其发生心脑血管疾病的危险性明显增高。

表 2-5　“三高”重复患病检出情况统计表

疾病	患病人数（人）	患病率（%）
高血压+高血脂+高血糖	30	1.60
高血压+高血脂	93	4.96
高血压+高血糖	51	2.72
高血脂+高血糖	120	6.40

二、高血压

高血压是一种常见的以动脉血压升高为主要表现的疾病，分为原发性、继发性两种，大多数为原发性高血压。就成年人来说，在不同日三次测量血压，若收缩压≥140mmHg 和（或）舒张压≥90mmHg 即可诊断为高血压病。高血压与遗传因素、长期精神紧张、肥胖、水盐代谢等因素有关。血压持续升高，若不及时治疗，可以导致心、脑、肾脏及眼底等血管病变，一旦血管破裂或阻塞就会发生中风。

1. 引起高血压可能的高危因素

（1）钠盐摄入过多与高血压病的发生和水平呈正相关。

（2）超重和肥胖是血压升高的重要危险因素。

（3）长期精神紧张、焦虑或处于噪声环境下可引起血压升高。

（4）高血压病与年龄、遗传因素等有关。

2. 高血压的自觉症状

大部分患者早期可无症状，常在体检时发现血压升高。小部分患者有头痛、头晕、疲劳、心悸、耳鸣等症状。

3. 高血压的防治

（1）充分认识高血压的危害性、控制血压的重要性和终身治疗的必要性。

（2）重视自我血压监测。掌握正确测量血压的方法，测量血压时，应当做到定体位、定部位、定血压计。

（3）纠正不良饮食习惯和嗜好。

①限制钠盐摄入，建议每人每日食盐量不超过 5g（与啤酒盖齐平为 5g）。

②少吃含钠盐较多的食物，如咸鱼、咸蟹、虾酱、咸菜、咸笋、榨菜、腐乳、火腿等。

③减少动物脂肪的摄入，少吃肥肉和动物内脏，补充适量蛋白质。多吃新鲜蔬菜和水果及含丰富粗纤维的食物。

④戒烟限酒，最好不饮酒，若有饮酒习惯者，应减少饮酒量。

⑤控制体重。肥胖患者，应限制总热量的摄入，适当运动，以减轻体重，保持理想体重和体重指数。

⑥坚持规律运动。普通成年人在一周内至少保证 150 分钟中等强度的室外活动，注意根据个体差异，量力而行。运动的最佳形式是有氧运动，如步行、慢跑、游泳、骑车、爬山等。不建议过早晨练，冬日锻炼时要注意保暖。

⑦平时要保持乐观的心态，注意情绪的调节。

⑧高血压病患者应遵照医嘱，按时服药，尽可能在每日相同的时间内服药，若忘记服药，应尽快补服，如果当时已接近下一次服药时间，就无须补服，忌服双倍的药量。听从医生的指导，根据身体的实际情况、季节变化做出调整，确保用药安全。切勿自行减量或停药，勿随意更换降压药物，否则会出现难以预料的危险。

⑨高血压病患者应每周检测三次以上血压，每月由家庭医生检测一次。根据血压情况决定复诊时间。定期监测血脂、血糖变化。长期高血压病患者可伴有肾功能减退，应当定期进行尿常规、肾功能检查。

⑩突发血压升高时，应当全身放松，保持情绪稳定，静卧休息，立即拨打120或联系家庭医生，情况未明下不建议自我服用降压药物。

三、高血脂

血脂是血清中胆固醇、甘油三酯（TG）和类脂（如磷脂）等物质的总称。在人体内胆固醇主要以游离性的胆固醇及胆固醇酯的形式存在。临床血脂异常主要为血脂检测指标异常升高，即高脂血症（俗称高血脂）。

1. 高血脂的病因

高血脂根据病因不同，可分为原发性高血脂和继发性高血脂两类。原发性高血脂有家族遗传倾向，已知部分原发性高血脂是由于先天性基因缺陷所致，并可由不良饮食习惯、体力活动不足、肥胖、年龄增加、吸烟、酗酒等因素诱发，而另一部分原发性高血脂的病因目前尚不清楚。继发性高血脂是指由全身系统性疾病引起的血脂异常，可引起血脂升高的系统性疾病主要有糖尿病、肾病综合征、甲状腺功能减退症等。此外，某些药物如利尿剂、β受体阻滞剂、糖皮质激素等也可能引起继发性高血脂。

引发动脉粥样硬化性心血管疾病的罪魁祸首是低密度脂蛋白胆固醇（LDL-C），俗称坏胆固醇，它的持续升高可损伤血管内皮细胞，渐渐在动脉壁上形成斑块，斑块一旦破裂，将引发心梗、脑梗，甚至危及生命。

2. 高血脂的预防措施

（1）可以通过控制理想的体重来达到目的。流行病学资料显示，肥胖人群的平均血浆胆固醇和甘油三酯显著高于同龄的非肥胖者，所以控制理想体重是预防高血脂的一个重要手段。

（2）可以通过运动锻炼降低血脂。有研究显示，长期静坐者的血浆甘油三酯通常高于坚持体育锻炼者，所以通过体育锻炼也可以达到预防高血脂的目的。但要注意体育运动要循序渐进，不宜勉强做剧烈运动。

（3）可以通过戒烟来达到预防高血脂的目的。吸烟可以升高血浆胆固醇和甘油三酯的水平而降低高密度脂蛋白。

（4）可以通过合理膳食预防和控制高血脂。将饱和脂肪酸摄入量降至总热量的7%以下，或至少在10%以下；反式脂肪酸的摄入量降至总热量的1%以下或更低；膳食胆固醇摄入量每天降至200毫克以下。通俗来说，就是饮食要减少脂肪、胆固醇的摄入，少吃油炸、肥肉、红肉等脂肪含量高的食物，多吃蔬菜、水果。

（5）生活规律，保持乐观、愉快的情绪，劳逸结合，保证充足睡眠，戒烟限酒。

（6）积极控制危险因素，如血压、血糖等。

四、高血糖

当空腹（8 小时内无糖及任何含糖食物摄入）血糖高于正常范围，称为高血糖，空腹血糖正常值为 4. 0～6. 1mmol. L，餐后两小时血糖高于正常范围 7. 8mmol. L，也可以称为高血糖。高血糖不是一种疾病的诊断，只是一种血糖监测结果的判定，血糖监测是一时性的结果，血糖检查前如果食用大量的甜食，就会出现血糖高的结果。所以如果检查出高血糖，可以间隔一段时间后再次检查确认。

1. 高血糖与糖尿病

高血糖不一定就是糖尿病，只是它们相互之间有一定的关联，糖尿病其中一个明显的特征就是血糖高。糖尿病是因为人体内分泌系统紊乱导致糖代谢功能失调，而高血糖是由于人体血液中的含糖量过高，高血糖的人不一定是糖尿病，但患糖尿病的人一定高血糖。日常生活中如果人体内摄入的糖分多，葡萄糖无法消耗就会残留在血液中，久而久之葡萄糖过多，大量的胰岛素不断促进吸收，逐渐疲劳衰退，无法正常分泌胰岛素，导致血糖升高，空腹或者饭后两小时仍居高不下，就形成了血糖高的状态。糖尿病是一种常见的内分泌代谢疾病，遗传和环境等各种因素相互作用，导致胰岛功能减退、胰岛素抵抗等引发的糖、蛋白质、脂肪、水和电解质一系列代谢紊乱综合征。高血糖虽然不一定是糖尿病，但是长期血糖高对血管也有一定的伤害，易造成动脉粥样硬化，不但损害身体健康，还可能诱发糖尿病的发生。

2. 高血糖的形成原因

（1）不良生活习惯。饮食结构不合理（油脂类、肉类多）、多量饮酒、吸烟这些都可引起高血糖症。

（2）其他疾病引起的高血糖。冠心病等与高血糖有着紧密的联系。所以一旦确诊是高血糖，应该尽量搞清楚是什么原因引起的高血糖，这样才能对症治疗，才能做好预防和治疗高血糖的工作。

（3）遗传等原因也可以导致高血糖。

（4）在排除了以上引起高血糖的诱因之后，高血糖就极有可能是糖尿病的早期症状。目前糖尿病患病人群已经越来越年轻化，所以高血糖要及早治疗。

3. 高血糖患者症状

“三多一少”是糖尿病最常见的临床表现，即多饮、多食、多尿和体重减轻。高血糖患者对这些症状也要引起注意。目前临床上还有相当一部分糖尿病患者，因为没有典型的“三多一少”症状而延误了病情。

（1）血糖升高、大量水分丢失，从而引起口渴、多饮的症状。

（2）由于胰岛素相对或绝对的缺乏，导致体内葡萄糖不能被利用，蛋白质和脂肪消耗增多，为了补偿损失的糖分，维持机体活动，需要多进食。

（3）血糖升高，尿糖增多，可引发渗透性利尿，从而引起多尿的症状。

（4）乏力、体重减轻。

糖尿病患者的多饮、多尿症状与病情的严重程度成正比。另外，值得注意的是，患者吃得越多，血糖就越高，尿中失糖也越多，饥饿感也就越厉害，最终导致了恶性循环。因此，在这种情况下，以少吃为好，但不能少于每日 150 克主食。

4. 高血糖患者的饮食管理和运动管理

（1）饮食管理。合理饮食是糖尿病治疗的基础，是控制血糖的重要途径，要合理安排每日摄入食物的种类和数量，其原则是控制总热量，保持“收支”平衡，均衡营养，粗细搭配，定时定量进餐，少食多餐，多食富含膳食纤维的食物，饮食清淡，低脂少油，少盐，戒烟限酒。在合理控制总热量的基础上，合理分配碳水化合物、脂肪、蛋白质的摄入量。增加膳食纤维摄入对健康有益。食盐摄入量每日控制在 6g 以下（如合并糖尿病肾病食盐摄入每日控制在 3g 以下），同时应限制摄入高钠食品，如味精、酱油、调味酱等。

（2）运动管理。高血糖及糖尿病患者运动治疗应在医生的指导下进行，运动前要进行必要的评估，特别是心肺功能和运动功能的医学评估。选择的运动项目应与年龄、病情及身体承受能力相适应，并定期评估，适时调整运动计划。运动前后要加强血糖监测，运动量大或剧烈运动时应及时调整饮食及药物治疗方案，以免发生低血糖。

①在正式运动前应先做低强度热身运动5~10分钟。

②带点饼干、糖果之类的食品，防止低血糖发生。

③运动过程中注意心率变化及感觉，如轻微喘息、出汗等，注意掌握运动强度。运动时注意要多饮一些白开水，以补充身体所需的水分。若出现乏力、头晕、心慌、胸闷、憋气、出虚汗等不适，应立即停止运动，原地休息，若休息后仍不能缓解，应及时到医院就诊。

④运动即将结束前，再做5~10分钟的恢复整理运动，并逐渐使心率降至运动前的水平，不要突然停止运动。

第二节 妇科疾病

乳腺增生、宫颈炎、子宫肌瘤是女性高发疾病，从近几年的体检结果可以看出，这三类疾病的发病率呈逐年上升的趋势，且发病年龄有年轻化趋势，这一问题应引起女性教职工的高度重视。

一、教职工妇科疾病检出情况分析

1. 各单位妇科病的检出情况

表 2-6 为某年度学校各单位宫颈炎、子宫肌瘤、乳腺增生三种妇科疾病的患病率情况统计表，不同单位或校区的患病情况有所差异，但总体患病率宫颈炎为 36.51%，子宫肌瘤为 24.07%，乳腺增生为 84.55%，均处于较高值。

表 2-6 各单位妇科疾病检出情况

单位	宫颈炎		子宫肌瘤		乳腺增生	
	患病人数（人）	患病率（%）	患病人数（人）	患病率（%）	患病人数（人）	患病率（%）
机关单位	102	37.36	71	26.01	223	81.68
基础教学部门	75	44.91	33	19.76	142	85.03
A 学院	53	35.81	40	27.03	126	85.14
B 学院	23	38.33	20	33.33	57	95.00
C 学院	17	37.78	10	22.22	40	88.89
D 学院	18	28.57	17	26.98	51	80.95
E 学院	18	27.69	16	24.62	55	84.62
F 学院	19	40.43	11	23.40	40	85.11
G 学院	9	27.27	3	9.09	26	78.79
H 学院	20	28.17	10	14.08	62	87.32
I 学院	5	45.45	2	18.18	9	81.82
J 学院	5	35.71	7	50.00	12	85.71
合计	364	36.51	240	24.07	843	84.55

2. 不同年龄妇科疾病检出情况

表 2-7 为不同年龄组教职工妇科疾病检出情况统计表。从表中可以看出三种妇科疾病的患病率与年龄的关系：宫颈炎与乳腺增生在 36~45 岁年龄组患病率最高，该组人群正处在工作和家庭双重负担的状态，压力较大，导致内分泌失调；子宫肌瘤随着年龄的增大而患病率增高。

表 2-7 不同年龄组教职工妇科疾病检出情况

年龄（岁）	宫颈炎		子宫肌瘤		乳腺增生	
	患病人数（人）	患病率（%）	患病人数（人）	患病率（%）	患病人数（人）	患病率（%）
35 岁以下	90	31. 14	14	4. 84	228	78. 89
36~45	152	39. 58	92	23. 96	343	89. 32
46~55	124	38. 27	135	41. 67	273	84. 26
合计	366	36. 71	241	24. 17	844	84. 65

3. 不同职称、职务教职工妇科疾病检出情况

表 2-8 为不同职称、职务教职工妇科疾病检出情况统计表。从表中可以看出患病率与职称、职务的关系：宫颈炎、子宫肌瘤、乳腺增生的患病率均随着职称的增高而增高，这可能与高职称人员除了肩负着教学、科研的双重重任，同时肩挑人员较多，工作压力大，生活不规律，导致内分泌失调有关；副处级职务人群的乳腺增生患病率最高，其原因同上。

表 2-8 不同职称、职务教职工妇科疾病检出情况

身份		宫颈炎		子宫肌瘤		乳腺增生	
		患病人数（人）	患病率（%）	患病人数（人）	患病率（%）	患病人数（人）	患病率（%）
职称	正高	14	42. 42	16	48. 48	29	87. 88
	副高	79	37. 62	65	30. 95	187	89. 05
	中级	204	36. 96	109	19. 75	466	84. 42
	助理级	23	32. 86	13	18. 57	59	84. 29
职务	正处	10	34. 48	11	37. 93	22	75. 86
	副处	16	32. 00	19	38. 00	45	90. 00
	科级	11	34. 37	12	37. 50	27	84. 38

4. 三种妇科疾病重复患病检出情况

由表 2-9 可以看出，部分女性教职工同时患有乳腺增生、宫颈炎、子宫肌瘤三种疾病中的两种或三种，其中同时患有三种疾病的人群达到 9.83%。同时患有乳腺增生与子宫肌瘤的达到 22.27%。对于同时患有两种甚至三种疾病的女性教职工来讲更应对此问题予以重视。

表 2-9　三种妇科疾病重复患病检出情况

疾病	患病人数	患病率（%）
宫颈炎+子宫肌瘤+乳腺增生	98	9.83
宫颈炎+子宫肌瘤	104	10.43
宫颈炎+乳腺增生	320	32.10
乳腺增生+子宫肌瘤	222	22.27

二、乳腺增生

乳腺增生病又称乳腺结构不良，本质上是由于乳腺主质和间质不同程度地增生与复旧不全所致的乳腺正常结构错乱，易反复而难治愈，分为单纯增生、腺病与纤维囊性增生三类。乳腺增生以乳房出现肿块和胀痛为主要临床表现，在 30~50 岁成年女性中常见和多发，具有发病率高、治愈率难、易复发、可癌变的特点，严重影响女性健康。近年来乳腺增生发病率呈逐年上升的趋势，有 70%~80%的女性在体检时都有不同程度的乳腺增生，且发病年龄有年轻化趋势。

1. 发病原因

导致乳腺增生症发生的病因及发病机制尚无定论，多数研究认为内分泌失调是导致乳腺增生的主要危险因素，如月经紊乱、流产次数、不合理饮食结构、痛经、初产年龄、怀孕次数都是导致乳腺增生的危险因素。情绪异常焦虑、抑郁、恼怒等负面情绪也是诱发或加重乳腺增生的重要原因，因而常会表现出乳房局部胀痛或游走性疼痛，常伴胸胁胀痛、急躁易怒、食欲不好、入睡困难等，有研究发现 86%轻度乳房疼痛、52%严重疼痛患者可以通过语言解释、排除顾虑后得到明显缓解。①

① 邵志敏，池镇宙，徐兵河．乳腺肿瘤学（第二版）［M］．上海：复旦大学出版社，2018。

2. 乳腺增生与母乳喂养

母乳喂养对于乳腺是一项保护因素。母乳喂养时，母体内催产素分泌增加，雌激素分泌水平降低，减少了雌激素对靶器官（乳腺）的刺激，有利于预防乳腺疾病的发生。

3. 乳腺增生与乳腺癌

一般来讲，大部分乳腺增生并不会癌变，但仍有许多女性担心癌变，这些恐惧并非空穴来风。20 世纪末，有学者对乳腺癌的发生机制提出了“多阶段发展模式”的假说，即“正常→增生→非典型增生→原位癌→浸润性癌”的发展模式，其中的非典型增生被认为是癌前病变。其实，大部分乳腺增生癌变的概率很小，不同病理类型癌变的可能性也不一样。乳腺组织增生型一般经过 1~3 年的时间会自然消失，乳腺病癌变的危险性在1%以下，囊肿性乳腺增生病发生癌变的可能性较大（3%~4%）。

目前认为多种类型的乳腺上皮增生症，特别是囊肿性的乳腺上皮增生、乳腺导管上皮非典型增生与乳腺癌的发生存在一定关系。总体认为，乳腺增生病在一定程度上可增加乳腺癌发生的危险性，其中非典型增生已被认为是乳腺癌癌前病变。有乳腺增生时同时具备以下几项，需要警惕患乳腺癌的风险：一是乳腺增生的时间较长；二是增生的结节摸上去很多很明显；三是年龄在 40 岁到 60 岁的癌症高发期；四是有家族史。女性应该注意身体的变化，定期检查，早期发现恶变危险。

4. 乳腺增生与饮食

乳腺增生患者要注意饮食，限制动物性脂肪及糖类的摄入量。两者大量的摄入会在体内以脂肪形式存在，而体内脂肪堆积可刺激内分泌系统，使雌激素和催乳素含量增高，加重乳腺增生病。辛辣刺激性食物和油炸、烟酒也应归属禁忌之列。同时日常生活中还应避免一些含雌激素的食物。应尽量少食用含雌激素的保健品或营养品，少食反季节蔬菜、水果（如催熟的西红柿等），不吃用激素等添加剂饲养的畜禽产品。含激素类的美容护肤品也应谨慎选用。

三、宫颈炎

宫颈炎是妇科常见疾病之一，多见于育龄妇女，为宫颈受损伤和病原体侵袭而致，包括子宫颈阴道部炎症及子宫颈管黏膜炎症。临床上将宫颈炎分为急性和慢性两种，以慢性炎症为多。急性宫颈炎主要表现为宫颈红肿，颈管黏膜水肿，常伴急性阴道炎或急性子宫内膜炎。慢性宫颈炎有宫颈糜烂、宫颈肥大、宫颈息肉、宫颈腺囊肿和宫颈外翻等多种临床表现。慢性宫颈炎与宫颈癌有一定关系，故应积极防治。30 岁以上有宫颈炎的妇女应定期做宫颈刮片检查癌细胞。

1. 宫颈炎的引发原因

（1）机械性损伤和刺激，如果在流产、分娩时引起宫颈裂伤，就容易发生继发性感染，很容易出现急性宫颈炎。如果性生活过于频繁，也会导致宫颈感染，出现宫颈炎。

（2）理化因素的刺激，如果患者使用高浓度的酸性或者碱性溶液来冲洗阴道，又或者在阴道中放入一些腐蚀性的药品都会导致阴道和宫颈的组织遭到损伤，就可能引起宫颈炎或者阴道炎。

（3）如果阴道中有异物，例如棉球、纱布或者其他异物放置在阴道中时间过长，就容易导致感染，引起急性宫颈炎症。

（4）如果有急性的滴虫性阴道炎或者霉菌性阴道炎以及细菌性阴道炎时，都有可能引起急性宫颈炎，而且淋病双球菌也很容易引起淋菌性的宫颈炎，所以在出现情况时，一定要及时进行治疗。

2. 宫颈炎的预防方法

宫颈炎对女性的危害性很大，所以在出现疾病时，就需要及时地进行治疗，而且在平时也可以采取一定措施来进行预防，这样就可以减少对女性的危害。平时如果使用酸性洗液冲洗阴道，就容易导致阴道的环境被破坏。如果阴道弱酸环境被破坏，就会失去自洁功能，而且很容易出现各种疾病，所以在平时就要注意这些问题。如果进行了宫颈之类的手术，需要多注意外阴卫生，特别是在外阴出血时，要及时清洗，而且还需要注意个人卫生，平时每天都需要用温水清洗外阴。

四、子宫肌瘤

子宫肌瘤是女性生殖器官中最常见的一种非恶性肿瘤，也是人体中最常见的肿瘤之一，又称为纤维肌瘤、子宫纤维瘤。子宫肌瘤的症状主要表现为月经不调、下腹部有包块、白带增多、压迫症状、腰酸背痛等。如果发现有这些症状，应该予以重视，以免病情加重影响治疗效果。

1. 产生原因

子宫肌瘤的确切病因尚未明了。子宫肌瘤的发生、发展是多因素、多环节的，目前普遍认为子宫肌瘤为性激素依赖性肿瘤，此外，子宫肌瘤的发病还可能与年龄、肥胖、妊娠史（流产史）、吸烟、喝酒、遗传等因素有关。

2. 子宫肌瘤的危害

（1）不孕或流产。如果肌瘤组织出现在子宫角部，可压迫输卵管的入口，导致精子不能上行至输卵管与卵子结合，继而影响受孕；导致子宫变形，妨碍受精卵着床而阻碍受孕。即使受精卵已着床，较大肌瘤合并妊娠时由于机械性阻碍胚胎发育及宫腔感染，也容易引起流产。

（2）引发妇科炎症。子宫肌瘤会引起盆腔充血及感染，其中肌瘤引发的感染多是蒂扭转造成的。感染之后，少数患者的肌瘤组织中可形成脓肿，出现化脓的情况。同时，肌瘤感染后的致病菌可侵犯其他临近器官，引发附件炎、盆腔炎等妇科疾病。

（3）继发性贫血。子宫肌瘤会导致患者月经出血过多，长此以往，患者会出现继发性贫血，表现为全身乏力、面色苍白、心慌气短等症状。

（4）恶性病变。少数女性可见子宫肌瘤恶性病变为肉瘤，导致患者阴道出血、下腹疼痛，晚期可通过血行散播、直接蔓延和淋巴转移到身体多个部位。

3. 子宫肌瘤的预防

子宫肌瘤绝大多数为良性，且子宫肌瘤的恶变（即肉瘤变）率很低，不到1%。但子宫肌瘤剔除术后仍有复发的可能，加上子宫肌瘤的病因不明，因此子宫肌瘤的预防与护理显得尤为重要，能够有效减少肌瘤的发生。

（1）培养健康的生活习惯：抽烟、作息时间混乱都是导致子宫肌瘤发生的重要原因，因此养成健康的生活方式、形成有规律的生活是预防子宫肌瘤最有效的方式。

（2）合理饮食：饮食均衡营养，避免因微量元素摄取不足或利用障碍导致子宫肌瘤复发。多吃五谷杂粮、水果、时鲜蔬菜，坚持低脂肪饮食。

（3）自我调节：子宫肌瘤的发生与女性负面情绪有直接关联。因此应学会自我调节，保持积极乐观的心态，避免不良生活情绪对自己的影响。

（4）注意避孕，严防人流伤害：子宫肌瘤的发生与人流次数呈正相关性，采取积极有效的避孕措施显得尤为重要。

（5）注意月经期卫生保健：在月经期，要保持外阴清洁，避免经期同房。

（6）适当运动：加强锻炼，增强身体素质。

第三节　甲状腺异常

甲状腺疾病是最常见的内分泌疾病之一，可以分为甲状腺功能异常、甲状腺肿瘤和甲状腺炎症等。其中亚临床甲状腺疾病发病隐匿，缺乏特异的临床症状，是近年来甲状腺学界关注的热点。

一、教职工甲状腺异常检出情况

甲状腺异常是近年来教职工体检中的一种高发疾病，2017 年检出率为 52. 10%，2019 年检出率则达到 81. 27%，具体见表 2-10。

表 2-10　2017 年、2019 年甲状腺异常检出情况

结果	年度	男性	女性	总计
检出人数（人）	2017	210	498	708
	2019	573	1002	1575
参检人数（人）	2017	477	882	1359
	2019	747	1191	1938
检出率（%）	2017	44. 03	56. 46	52. 10
	2019	76. 71	84. 13	81. 27

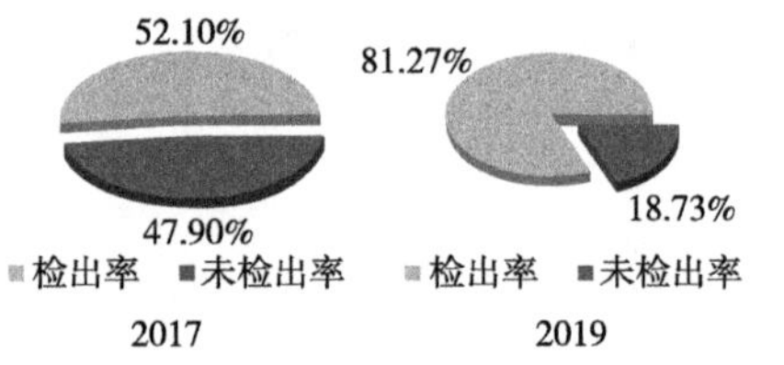

二、甲状腺疾病的防治

1. 常见的甲状腺疾病

甲状腺位于甲状软骨的下方，气管两旁，形似蝴蝶，是人体最大的内分泌腺。它是机体的“温控器”，可以调节食欲、新陈代谢、能量消耗、体温和心率。通常情况下，甲状腺根据人体需要，生产适量的甲状腺素，当身体的需要量与甲状腺素合成之间的平衡被打破时，无论甲状腺素合成过剩还是不足，机体都会发生疾病。常见的甲状腺疾病包括以下几种：

①甲状腺炎症性疾病。包括急性化脓性甲状腺炎、亚急性甲状腺炎、慢性淋巴细胞性甲状腺炎等。

②甲状腺肿。单纯性甲状腺肿、结节性甲状腺肿。

③甲状腺功能亢进。多表现为眼睛突出、饭量增大、体重异常下降等症状。

④甲状腺功能减退症。多表现为面色苍白、厌食、精力不济、昏昏欲睡、体重增加、月经不调、怕冷、便秘和记忆力减退等症状。

⑤甲状腺瘤。

⑥甲状腺癌：乳头状癌、滤泡状癌、髓样癌、未分化癌。

上述疾病一般独立存在，但是同一患者在疾病发展过程中，可以由一种疾病转化成另一种疾病，或者同时存在 2 种或 2 种以上疾病。例如，结节性甲状腺肿、慢性淋巴细胞性甲状腺炎可以合并成甲状腺癌。

2. 甲状腺疾病的影响因素

甲亢、甲减、甲状腺结节、甲状腺癌的发病率呈逐年上升的趋势。甲状腺疾病的发生通常与以下因素有关：

第一，情绪因素：长期抑郁、高压、紧张、劳累，都会引起甲状腺疾病。另外不良生活习惯如吸烟、肥胖等也会引起甲状腺疾病。

第二，碘摄入量：长期进食高碘的海鲜、紫菜、海带等，再加上食物添加的碘盐，就容易引起碘过量，造成甲状腺疾病。

第三，社会压力：现代人高压的生活，容易引起内分泌的改变和紊乱，特别是女性，由于雌激素和甲状腺关系密切，激素改变会刺激结节的形成。

第四，遗传因素：甲状腺结节、甲状腺癌与遗传有一定关系，家族中如果有人患此病，其子女患病概率会相对增高。

3. 甲状腺疾病的预防

（1）甲状腺结节。

并发症：甲状腺结节若不及时治疗或是治疗不合理，很可能会引发心血管病、糖尿病、肾小管性酸中毒、肝病等严重并发症。

预防措施：不宜多吃辛辣刺激性的食物，如辣椒、辣椒油等；每日保持做 20~30 分钟有氧运动，可提高心肺的耐力、增强身体素质，工作时不易疲劳；每天保证充足的睡眠。

（2）甲亢。

并发症：心悸、呼吸困难、心前区疼痛、过早搏动（早搏）或阵发性房颤，甚至出现持久性房颤。

预防措施：应少吃海带、紫菜、海鱼等含碘食物，避免碘摄入量过多；少吃辛辣食物：辣子、生葱、生蒜；少饮浓茶、咖啡、酒，少吸烟；保持心情舒畅、防劳累。

(3) 甲减。

并发症：黏液水肿性昏迷，是甲减危及生命的并发症，容易发生感染，对甲减替代治疗过度，可导致肾上腺危象、不育，长期过量的替代治疗可导致骨质疏松。

预防措施：要注意摄入碘的量，不要过多地摄入碘，以免产生其他的甲状腺疾病，可以适当地补充碘油，以便长期有效地释放碘，对预防甲减有一定的效果。

注意：在众多的甲状腺患者中，女性患者在患有该病之后往往会影响生育。所以，在女性的日常体检中一定要注意甲状腺的检查。

第四节 前列腺增生

近年来，人口老龄化和生活条件的变化，使前列腺增生发病率急剧上升，成为医药学界、广大患者乃至全社会关注的男性健康热点问题。在近年来的教职工体检中，前列腺增生也成为困扰中年以上男性教职工的重要问题。前列腺增生引发的尿频、排尿困难和尿失禁等症状，影响患者的身体健康、心理健康和生活质量，但它是一种良性的、可以治愈的疾病。前列腺增生高发的原因与高校教师的工作性质有关，如伏案久座、活动量少等。对此问题学校各方都应予以高度关注。

一、教职工前列腺增生的检出情况

随着全球人口老年化发病日渐增多，良性前列腺增生的发病率随年龄递增。国内研究显示，前列腺增生发生率为：51~60岁的人为20%，61~70岁为50%，71~80岁达到57.1%，81岁以上为83.3%。

在教职工体检中，男性教职工前列腺增生检出率一直居高不下。2010年至2014年，检出率分别为36.18%、27.49%、46.27%、27.05%、25.05%。之后前列腺增生的检出率进一步增加，2017年参加体检男性教职工574人，检出率达73.97%；2019年参加体检教职工488人，检出率达65.33%。

前列腺增生患者应遵循“早发现、早治疗”的原则，教职工应每年关注自己的体检结果，40岁以后有前列腺肥大症状的应服药抑制前列腺增生，在症状加重时应及时住院治疗。

二、前列腺增生的症状表现

前列腺增生的早期由于代偿，症状不典型，随着下尿路梗阻加重，症状会逐渐明显，临床症状包括储尿期症状、排尿期症状以及排尿后症状。由于病程进展缓慢，难以确定起病时间。储尿期症状主要包括尿频、尿急、尿失禁以及夜尿增多等。排尿期症状主要包括排尿踌躇、排尿困难以及间断排尿等。排尿后症状主要包括排尿不尽、尿后滴沥等。前列腺增生症出现临床症状以后，如不及时治疗还可能产生以下并发症。

（1）急性尿潴留。随着年龄的增长，急性尿潴留的危险性显著增大。70~79 岁的老年男性在 5 年中急性尿潴留的发生率为 10%，前列腺体积越大，尿潴留的发生率越高。

（2）尿失禁。前列腺增生以后，尿液排出困难，当膀胱内潴留的尿液量很多，使膀胱的压力高于前列腺的阻力时尿液会不自主地流出，这种情况称为充盈性尿失禁。多发生于夜间睡眠以后，是前列腺增生症的严重表现。

（3）泌尿道感染。由于尿液排出障碍，使细菌容易残留发生感染。

（4）血尿。前列腺增生后表面有粗大静脉，在用力排尿时发生静脉破裂，出现血尿。

（5）内外痔和腹股沟疝。为了排出尿液，很多人腹部用力协助排尿，使腹压增大，引起内外痔和腹股沟斜疝。

（6）膀胱憩室。当膀胱内有大量尿液残留，用力排尿时，膀胱壁的薄弱部位会向外膨出，形成膀胱憩室。膀胱憩室内可以残存大量尿液，发生结石和引起肿瘤。

（7）膀胱结石。是由于前列腺增生后有大量的残余尿液和尿盐沉积引起。可以加重排尿困难、引起血尿和肿瘤。

（8）双肾积水。大量残余尿液不能排出，尿液反流至肾脏，引起双肾积水，是发生肾功能衰竭和感染的主要原因。

（9）肾功能衰竭。是前列腺增生症最严重的并发症。

三、前列腺增生的预防

前列腺增生是老年男性的一种生理性改变，目前还不能做到在不影响正常生理活动的情况下避免前列腺增生的发生。但在生活中注意以下几点，可以在很大程度上延缓临床症状发生的时间，减轻排尿不适的程度。

（1）饮食要清淡、易消化，多吃蔬菜水果，少吃辛辣刺激性食物，戒酒，减少前列腺充血发生的机会。

（2）尽可能避免长时间骑自行车或久坐，避免前列腺受压充血，以免加重病情。

（3）切忌长时间憋尿，以免损害膀胱逼尿肌功能，加重病情。

（4）保持心情舒畅，避免忧思恼怒等负面情绪，切忌过度劳累。

（5）适度进行体育活动，不仅能增强机体抵抗力，还可以改善前列腺局部的血液循环。

（6）避免受凉感冒，及时治疗泌尿生殖系统感染，积极预防尿潴留的发生。

（7）根据自身状况，合理安排性生活，既不能纵欲，也不要禁欲。

第五节　脂肪肝

脂肪肝是脂肪性肝病的简称，指由于各种原因引起的肝细胞内脂肪堆积过多的病变，是一种常见的肝脏病理改变。随着人们生活水平提高、饮食结构变化，我国近年来脂肪肝发病率逐年增多，且发病年龄日趋年轻化，成为仅次于病毒性肝炎的第二大肝病。脂肪肝属于慢性代谢性疾病，与肥胖、高脂血症、糖尿病、长期大量饮酒等有关。脂肪肝是可逆的，因此早期发现、早期诊断及治疗具有重要意义。

一、教职工脂肪肝的检出情况

教职工体检中脂肪肝的发病率总体上呈现出升高的趋势。2010 年至 2014 年，教职工的脂肪肝检出率在 30%至 40%之间，分别为 33.67%、40.68%、35.66%、33.40%、31.39%。2017 年脂肪肝检出率为 34.95%，2019 年的检出率则高达 46.98%，具体见表 2-11。总体来看，脂肪肝男性检出率高于女性。

表 2-11　2017 年、2019 年体检中脂肪肝检出情况

结果	年度	男性	女性	总计	
检出人数（人）	2017	283	199	482	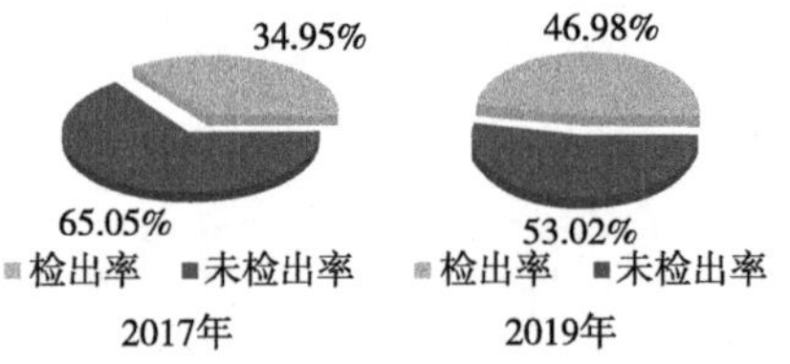
	2019	364	546	910	
参检人数（人）	2017	493	886	1379	
	2019	747	1190	1937	
检出率（%）	2017	57.40	22.46	34.95	
	2019	48.33	45.88	46.98	

二、脂肪肝的病因

正常人的肝组织中含有少量的脂肪，如甘油三酯、磷脂、糖脂和胆固醇等，其重量为肝重量的 3%～5%，如果肝内脂肪蓄积太多，超过肝重量的 5%或在组织学上肝细胞 50%以上有脂肪变性时，就可称为脂肪肝。其临床表现轻者无症状，重者病情凶猛。一般而言，脂肪肝属可逆性疾病，早期诊断并及时治疗常可恢复正常。

近年来研究发现，脂肪肝以酒精性、肥胖性、糖尿病性多见，原因与现代人的生活方式相关。在日常生活中，过量饮酒易导致酒精性脂肪肝；另外，有的人盲目补充营养，以为营养越丰富越好，造成脂质摄入过多，导致肥胖、肝脏代谢失调，也容易产生脂肪肝。除此之外，某些药物或化学毒物通过抑制蛋白质的合成而致脂肪肝；结核、细菌性肺炎及败血症等感染时也可发生脂肪肝；营养不良缺乏蛋白质同样是引起脂肪肝的重要原因。

脂肪肝的高危人群主要包括肥胖症，特别是内脏脂肪性肥胖病人；糖尿病，特别是成年型非胰岛素依赖性糖尿病病人；长期大量饮酒者；高脂血症，特别是有血液甘油三酯升高者；长期服用损害肝脏药物者；以及有肥胖症、糖尿病和脂肪肝家族史的个体。有脂肪肝发病的危险因素者要有自我保健意识，应定期（每年1~2次）做肝脏B超等影像学检查以早期发现脂肪肝。

三、脂肪肝的临床症状表现

脂肪肝一般分为酒精性脂肪肝和非酒精性脂肪肝两大类。根据脂肪变性在肝脏累及的范围，又可分为轻、中、重三型，通常脂肪含量超过肝脏重量的5%~10%时被视为轻度脂肪肝，超过10%~25%为中度脂肪肝，超过25%为重度脂肪肝。

脂肪肝的临床表现多样，轻度脂肪肝多无临床症状，患者多于体检时偶然发现。疲乏感是脂肪肝患者最常见的自觉症状，但与组织学损伤的严重程度无相关性。中、重度脂肪肝有类似慢性肝炎的表现，可有食欲不振、疲倦乏力、恶心、呕吐、肝区或右上腹隐痛等。

四、脂肪肝的危害

脂肪肝不仅对肝脏局部有危害，对全身都有很大危害。

（1）对肝脏本身的危害：单纯脂肪肝如不加以控制可以发展成脂肪性肝炎、肝硬化甚至肝癌。

（2）对心血管的危害：脂肪肝多合并有脂肪代谢异常，可促进动脉粥样硬化的形成，还可诱发和加重高血压、冠心病。

（3）其他危害：脂肪肝还可能诱发或加重糖尿病，降低人体免疫功能，解毒功能，影响人的消化吸收功能，诱发胆囊疾病，怀孕时急性妊娠性脂肪肝，降低生活质量，影响日常工作等。

五、脂肪肝的预防与治疗

1. 脂肪肝的预防

对于任何疾病来说，预防都是最关键的，可以大大减少疾病对身体的损害。对于脂肪肝患者来说，避免嗜酒、控制体重、坚持锻炼、合理膳食、控制血糖血脂尤为关键。总之，健康的生活方式就是最好的预防手段。

2. 脂肪肝的治疗

脂肪肝的治疗主要包括病因治疗、饮食治疗、运动治疗、心理治疗、药物治疗等。

（1）病因治疗：饮酒者尽快戒酒；糖尿病者要控制血糖，改善胰岛素抵抗；肥胖者要控制体重，逐渐减肥，不能太快；改变多坐少动的生活方式；改变高脂肪、高热量的饮食结构等。

（2）饮食治疗：避免高脂肪、高胆固醇、高热量饮食，少吃动物内脏、油炸、油煎食品，根据自己的体重指数控制每日摄入的热量。适当进食一些有抗脂肪肝作用的食物：玉米、燕麦、海带、苹果、牛奶、大蒜、洋葱、甘薯、胡萝卜、葵花籽、山楂等，这些食物有助于降低血脂和胆固醇、保持大便通畅。

（3）运动治疗：对同时伴有肥胖、糖尿病、高脂血症、高血压患者尤为有用。

运动项目可采用中等量的有氧运动，年纪大的患者可采用散步、慢跑、打门球、跳舞、跳广播操等形式，年轻人可打网球、游泳、打羽毛球、爬山等。根据自己的实际情况选择适合自己的运动方式和运动量，循序渐进。

（4）心理治疗：通过心理和行为干预治疗，改变脂肪肝患者和高危人群的不良生活习惯和嗜好，来达到预防和治疗脂肪肝的目的。消除对脂肪肝的恐惧心理和焦虑情绪，通过消除病因（如戒酒）、饮食控制和运动来控制脂肪肝。

（5）药物治疗：单纯性脂肪肝一般不需要特殊药物治疗。并发肝功能损害的脂肪性肝炎和脂肪性肝硬化患者可适当地选择保肝、降酶药物。药物治疗需在医生指导下用药。

总的来说，肝脏保健可以总结为16个字：合理膳食，控制体重，适量运动，合理用药。

第六节　痔疮

痔疮是临床上一种最常见的肛门疾病，常言道“十男九痔”“十女十痔”，虽有夸张之意，但也足可见痔疮发病人群之广。痔疮在任何年龄都可以发病，随着年龄的增长，发病率逐渐提高。很多患者由于治疗不及时、治疗方法不正确等，而遭到了痔疮的诸多危害。广大教职工对于痔疮应提高认识，做到科学预防，发现后要及时、规范治疗。

一、教职工的痔疮检出率

从教职工体检结果可以看出，痔疮是检出率比较高的一种病症。尤其是女性，2017 年女性教职工痔疮检出率为 52.90%，2019 年为 57.13%，远高于男性的检出率。2017 年、2019 年教职工体检痔疮检出情况见表 2-12。从表中可以看出，女性更应关注痔疮问题，做好预防。

表 2-12　2017 年、2019 年体检痔疮检出情况

结果	年度	男性	女性	总计
检出人数（人）	2017	50	420	470
	2019	132	625	757
参检人数（人）	2017	377	794	1171
	2019	608	1094	1702
检出率（%）	2017	13.26	52.90	40.14
	2019	21.71	57.13	44.48

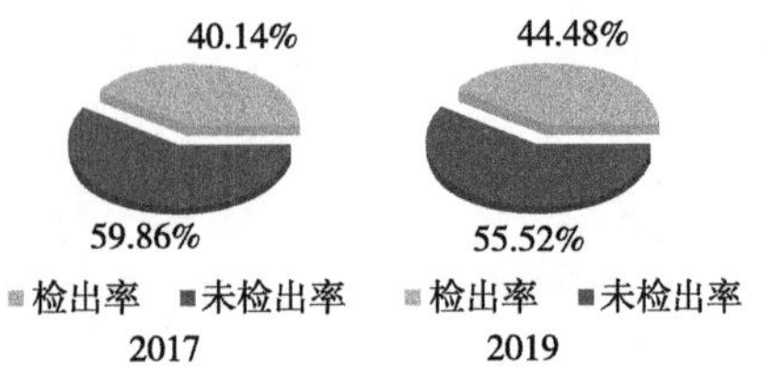

二、痔疮的常见症状

痔疮分为内痔、外痔和混合痔。常见症状是大便时肛门出血，严重时有柔软肿物脱出，肛门潮湿、瘙痒，或肛门外有肿物，疼痛。早期内痔大便时肛门出血，血量较多，血色鲜红，有时点滴而下，有时呈喷射状，无疼痛和其他不适，有一定周期性。内痔发展到中期，除出血外，大便时会有痔核脱出肛门外，便后痔核可以自行回纳。到晚期，大便后痔核脱出肛门外不能自行回纳，需要用手推回。严重时，咳嗽、行走也会使痔核脱出肛门外。如果痔核脱出后没有及时回纳，时间一长便会肿痛，甚至出现坏死。当外痔发炎或形成血栓时，会感到剧烈疼痛。

三、痔疮的常见病因

1. 不良排便习惯

大便时用力过急、过猛，使直肠肛门和盆底肌肉增加不必要的负担并引起局部瘀血，造成静脉的回流障碍。上厕所时下蹲位玩手机，造成下蹲和大便时间延长，致使肛门直肠内瘀血而引发疾病。

2. 大便异常

腹泻和便秘均是痔疮的重要致病原因。

3. 饮食原因

膳食纤维摄入不足，影响粪便成分，导致肛门直肠疾病。

4. 生理原因

未养成按时排便的好习惯，粪便长期滞留在结肠直肠中，可引发痔疮，更甚者可引发肿瘤。

5. 其他因素

如长期坐位、站位不利于肛门静脉的回流，影响静脉的弹性从而造成痔疮的形成。

四、痔疮检查方法

1. 肛门视诊

三、四期内痔，通过肛门视诊可以直接看到痔体。蹲位时二期内痔有时通过肛门视诊也能看到。外痔和混合痔的外痔部分通过肛门视诊均可直接看到。

2. 直肠指诊

内痔痔体组织没有纤维化或血栓形成时不易扪出，但有助于排除其他疾病，如直肠癌、息肉等。外痔指诊有助于对疾病进行分类。

3. 肛门镜检查

通过肛门镜检查可以直接观察到痔核痔体组织，观察直肠内有无出血。近年来随着电子直肠镜和电子肛门镜的发展，更有利于痔疮诊断。

五、痔疮预防措施

（1）多吃蔬菜水果，如菠菜、芹菜、香蕉等。少吃辛辣刺激的食物，如榨菜、辣椒、辣酱、大葱、蒜头等。避免大量饮酒。养成多喝水的习惯也有助于防止便秘。

（2）大便时不要久蹲不起或过分用力；及时治疗肠道和肛门周围炎症；采用温水坐浴。

（3）做肛门保健操和自我按摩。

①便后操。便后先清洗肛门，然后用右手食指尖压在肛门缘处，轻轻推肛门向上，同时收缩肛门，然后放松，如此重复30次。

②睡前操。睡前，两膝跪在床上，两肘着床，头低垂，腰部下弯，臀部抬高，挺身收腹深吸气，同时用力收缩肛门，然后放松，如此重复30次。此方法能有效疏散肛门局部充血，对年老体弱、久病者更适用。

③提肛运动。每日做30分钟，或直接用食指按揉肛门周围。

第七节　慢性咽炎

慢性咽炎是指以咽部灼热干痛、咽痒、咽部刺激或异物梗塞感等各种咽部不适症状为主诉的咽部黏膜、黏膜下组织以及咽壁淋巴组织的弥散性非特异性炎症状态。这类患者常常伴有鼻炎、鼻窦炎等上呼吸道慢性疾病。慢性咽炎的发病率很高，是人群中十分常见的一种咽部慢性疾病，虽然病情本身并不是太重，但病程长、症状顽固，不易消退，可发生于各种人群，因而成为一种非常普遍的咽部炎性疾病，几乎可以称为“养身病”。

建议注意口腔卫生，坚持早晚及饭后刷牙，减少粉尘和烟酒刺激，纠正张口呼吸的不良习惯，加强身体锻炼，增强体质。

一、慢性咽炎在教职工中的检出情况

慢性咽炎也是教师群体中常见的职业病之一，主要是由于教师上课说话多、长期吸入粉尘等职业因素，以及环境干燥、污浊、抽烟、不良生活习惯所致。在教职工体检中2017年、2019年检出率均在20%以上。具体统计情况见表2-13。

表2-13　2017年、2019年体检慢性咽炎检出情况

结果	年度	男性	女性	总计
检出人数（人）	2017	111	163	274
	2019	145	265	410
参检人数（人）	2017	451	834	1285
	2019	705	1129	1834
检出率（%）	2017	24.61	19.54	21.32
	2019	20.57	23.47	22.36

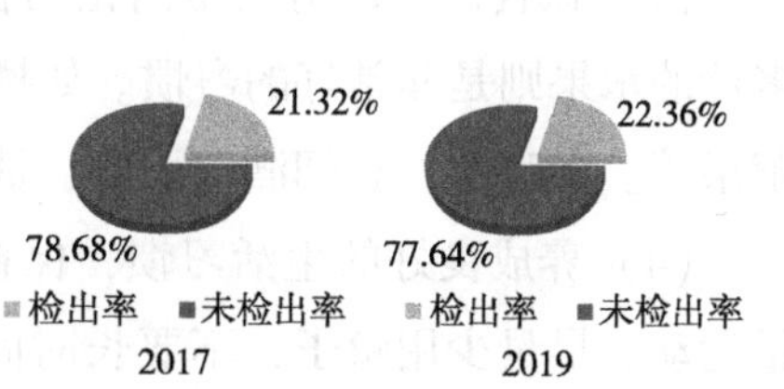

二、慢性咽炎的症状

慢性咽炎的症状要注意与急性咽炎相区别。急性咽炎的主要症状是起病急。初起时咽部干燥、灼热，继而疼痛，吞咽唾液时咽痛往往比进食时更为明显，可伴发热、头痛、食欲不振和四肢酸痛，当侵及喉部时，可伴

有声嘶和咳嗽。而慢性咽炎的主要症状是咽部不适，干、痒、胀，分泌物多而灼痛、易干恶、有异物感、咯之不出、吞之不下。以上症状尤其会在说话稍多、食用刺激性食物后、疲劳或天气变化时形成慢性咽炎的急性发作加重。

三、慢性咽炎的日常防护措施

慢性咽炎的根治是一个很难实现的目标，但很少会引发恶变，最常见的危害还是反复发作带来的各种不适，我们可以将“控制咽炎的不适症状”“减少咽炎的发作次数”作为更加现实可行的治疗目标。

慢性咽炎多采用物理或药物方式治疗，除此之外，还可通过改善生活习惯、加强锻炼、合理饮食、注意口腔卫生、远离空气污染等方式实现日常改善。“防病胜于治病”，日常的防护对预防慢性咽炎尤为重要，可注意以下几点。

（1）保持室内合适的温度和湿度，通风使得空气新鲜，是防治咽炎的有效措施。可以通过在室内安装空气加湿器等增加空气湿度的方法，或者可以考虑将空调或暖气温度调低，减少空气中水分的蒸发。

（2）早晨、饭后及睡觉前漱口、刷牙，可以保持口腔清洁和防治口鼻疾病，消除炎性病灶，对防治咽炎也有一定的作用。可用温盐水漱口，盐中含有具备杀菌感染的功能成分，盐水漱口对于缓解嗓子痛和喉咙肿痛有显著成效，其方法是在温开水中添加适量盐进行漱口，每次漱口 30 秒。

（3）饮食调养以清淡易消化的食物为宜，再辅助一些清爽去火、柔嫩多汁的水果则是非常好的习惯。如橘子、广柑、菠萝、甘蔗、橄榄、鸭梨、苹果等。多喝水，忌烟酒，忌姜、辣椒、芥末、蒜等辛辣之物。

（4）养成良好的生活习惯，保持心情愉快、舒缓压力、平和心态，适量运动、尽量少用嗓子，不要长时间停留在空气污染严重的地方，尽量避免感冒而引发咽炎。

第八节　骨质疏松

骨质疏松症是多种原因引起的骨密度降低、骨量减少、骨微结构破坏、骨的脆性增加、容易发生骨折的一种全身性骨骼病。骨质减少，是骨质疏松的前兆，是随着年龄增长不断发生骨折的诱因。

一、教职工骨质疏松检出情况

2013 年，学校对教职工体检项目做了调整，其中新增了骨密度检查，当年检出的骨量减少、骨质疏松情况见表 2-14。二者的检出率共计在 15%以上。之后对于骨密度的检查范围进一步扩大，检出人数增加，骨质减少（骨量减少、骨质疏松等合并统计），2017 年检出率为 46.67%，2018 年检出率为 42.53%，2019 年检出率达到 54.53%。骨质减少成为困扰教职工健康的重要问题。

表 2-14　教职工骨量减少、骨质疏松检出结果

项目	男		女		总计	
	检出人数（人）	检出率（%）	检出人数（人）	检出率（%）	总检出人数（人）	总检出率（%）
骨量减少	74	13.63%	126	14.11%	200	13.93%
骨质疏松	8	1.47%	28	3.14%	36	2.51%

二、引起骨质疏松的原因

骨质疏松症是由多种原因引起的骨骼代谢疾病。致病因素除了主要与绝经和老年有关的原发性骨质疏松，还可能与激素调控、营养因素、物理因素、遗传因素以及药物因素等有关。正常的骨骼是由皮质骨和松质骨构造而成的。皮质骨逐渐变薄，松质骨的骨小梁逐渐消失，空隙不断变大及增多，便形成骨质疏松。

骨质疏松的高发人群和风险因素如下：

（1）年长者，典型的是 70 岁以后。

（2）女性，绝经后 5~10 年内。

（3）体重过轻或骨架较小者。

（4）有骨质疏松症和骨折家族史的人群。

（5）不健康的生活模式，偏食或节食导致长期摄取钙质不足，吸烟、酗酒、喝太多含咖啡因饮品，过量摄取钠盐，缺乏运动，久病卧床等。

（6）药物影响：长期服用类固醇或一些影响骨骼新陈代谢的药物。

（7）患某些疾病：女性雌激素不足，如 40 岁前停经或接受卵巢切除手术；内分泌失调症，如甲状腺功能亢进等；患有慢性病；缺乏维生素 D 等。

三、骨质疏松的症状

骨质疏松症是一种全身性骨骼病，患者的骨量减少，会导致骨骼变弱和变脆，更易发生骨折。常见的三大症状包括：

（1）疼痛：患者可有腰背酸痛或周身酸痛，负荷增加时疼痛加重或活动受限，严重时翻身、起坐及行走有困难。

（2）脊柱变形：骨质疏松严重者可有身高缩短和驼背等表现。椎体压缩性骨折会导致胸廓畸形，腹部受压，影响心肺功能等。

（3）骨折：非外伤或轻微外伤发生的骨折为脆性骨折。是低能量或非暴力骨折，如从站高或小于站高跌倒或因其他日常活动而发生的骨折。发生脆性骨折的常见部位为胸、腰椎、髋部、桡、尺骨远端和肱骨近端。

四、骨质疏松的预防措施

骨骼的新陈代谢是一个延续过程。人体骨量的变化类似一个抛物线：出生后骨量不断增长，大约在 35 岁到达最高值，称为“峰值骨量”，之后逐渐减少，峰值骨量越高，骨量减少速度越慢。正常的骨质增长需要摄取足够的钙质和维生素 D，并做适量的负重运动。由于骨质须在年轻时奠定基础，所以预防骨质疏松症，一生都要注重适当饮食和运动。主要有以下几种方式：

（1）膳食结构合理：牛奶是最理想的钙源，每 100ml 鲜牛奶中含钙 120mg，钙吸收率为 30%。成人每日牛奶摄入量 500ml、儿童 750ml、青春期 800ml 可保证每日钙摄入量。摄入鲜牛奶时应注意乳糖酶不足或缺乏等问题。

（2）选择含钙量高的食品：芝麻酱、虾皮、海米、海带、银耳、牛奶、豆制品和奶酪等都是钙含量较高的食品。

（3）保证维生素D的摄入：人体每日维生素D摄入量为400IU，鱼肝油、沙丁鱼罐头、蛋黄、鲮鱼和鸡肝等食品维生素D含量较高。阳光照射也是补充维生素D的重要方式之一。在柔和的阳光下散步40分钟可保证机体所需维生素D。时间最好选在10时前或15时后，以免阳光过于强烈，损伤皮肤和视力。

（4）适量运动：参加适量运动有助于增加骨量，提高骨量峰值。根据个体情况做一些负重的运动，如爬楼梯或举重能够帮助我们建立骨骼的钙质储备，多进行户外运动以及接受适量的日光照射有利于钙质的吸收。

（5）保持良好的生活方式：不嗜烟酒，少饮咖啡、浓茶、碳酸饮料，少盐、低糖。

（6）建立一个安全的生活环境，保持坐下、步行和提重物的正确姿势，以减轻脊柱所承受的压力。定期做运动可改善敏捷度和平衡能力，以减少跌倒的机会。

第九节 颈椎病

颈椎病又称颈椎综合征，是颈椎骨关节炎、增生性颈椎炎、颈神经根综合征、颈椎间盘突出症的总称，是一种以退行性病理改变为基础的疾患，刺激或压迫了邻近的神经根、脊髓、椎动脉及颈部交感神经等组织，引起的一系列症状和体征。一般来说，颈椎病可分为颈型、神经根型、脊髓型、椎动脉型、交感神经型和混合型。颈型颈椎病只有一定的颈部症状而且比较轻微，为最早期的颈椎病，其他几型均是由于颈部组织退行性病变影响了神经根、椎动脉、脊髓等组织的正常形态而发病，症状较重，缠绵难愈。

一、教职工颈椎病检出情况

颈椎病是长期伏案工作者的常见病，也是长期影响教师健康的多发病。教师由于长时间伏案工作或长时间使用电脑，使得颈部伸肌长时间处于痉挛状态，久而久之，颈部屈肌和伸肌的平衡失调，就容易引发颈椎病。

二、颈椎病的症状表现

颈椎病的一般症状可表现为头、颈、肩、背、手臂酸痛麻木，脖子僵硬，甚至活动受限，较严重的可见肢体麻木无力、头晕恶心、胸闷气短等症状。

颈椎病还可能有以下并发症状：

（1）吞咽障碍：吞咽时有梗阻感、食管内有异物感，少数人有恶心、呕吐、声音嘶哑、干咳、胸闷等症状。这是由于颈椎前缘直接压迫食管后壁而引起食管狭窄，也可能是因骨刺形成过速使食道周围软组织发生刺激反应所引起。

（2）视力障碍：表现为视力下降、眼胀痛、怕光、流泪、瞳孔大小不等，甚至出现视野缩小和视力锐减，个别患者还可发生失明。这与颈椎病造成自主神经紊乱及椎基底动脉供血不足而引发的大脑枕叶视觉中枢缺血性病损有关。

（3）颈心综合征：表现为心前区疼痛、胸闷、心律失常及心电图ST段改变，易被误诊为冠心病。这是颈背神经根受颈椎骨刺的刺激和压迫所致。

（4）高血压颈椎病：可引起血压的升高或降低，其中以血压升高为多，称为“颈性高血压”。由于颈椎病和高血压病皆为中老年人的常见病，故两者常常并存。此外还可见到胸部疼痛、下肢瘫痪甚至猝倒等严重并发症。

三、颈椎病的预防措施

（1）坐姿必须正确。坐位时，臀部和背部充分接触椅面，双肩后展，两肩连线与桌缘平行，脊柱正直，两足着地。坐在电脑前工作时，桌椅高度与自己身高比例适宜，目光平视电脑屏幕，双肩放松，避免颈部过度前屈或后仰，以减轻长时间端坐引起的颈部疲劳。

（2）适当活动颈部。头部应避免长时间保持同一姿势，长时间坐位30~60分钟后，要适当地进行头部运动，如做颈椎保护体操、颈部按摩等，头颈部应向前、向后和左右转动数次，动作要轻柔、缓慢，以达到各个方向最大运动范围为准，使颈部疲劳得到缓解。

（3）经常要抬头望远。长时间低头工作者，既影响颈椎，又易引起视觉疲劳，甚至诱发屈光不正，因此，每当工作过久后，应抬头向远方眺望5~10分钟，这样既可消除疲劳感，又有利于颈椎的保健。

（4）养成良好的睡觉习惯。睡觉时不要趴着，不要躺着看书。枕头不应过高、过低或过硬，枕头中央略凹进，颈部能充分接触枕头并保持水平位，不要悬空，习惯侧卧位者，应使枕头与肩同高。

（5）避免损伤。避免和减少急性颈椎损伤，如避免用力抬举重物、突然过快转头紧急刹车等。

（6）防寒防湿。颈椎病的发生常与风寒、潮湿等季节气候变化有密切关系，所以应避免受风寒侵袭。因为风寒会使局部血管收缩，血流速度降低，有碍组织的代谢和血液循环，所以冬季外出时要戴围巾或穿高领毛衫等，保护好颈部，防止寒冷的刺激。

四、早期颈椎病的治疗措施

（1）锻炼颈肩部肌肉，增强颈椎后韧带、侧韧带的力量，避免颈椎空间狭小造成颈髓压迫或椎动脉压迫。颈肩部肌肉、韧带力量强的人群，颈椎病发作发展的概率会下降80%。所以经常锻炼颈肩部周围韧带、肌肉，对颈椎病的早期治疗和康复具有重要意义。但症状急性发作期宜休息，不宜增加运动刺激。

（2）对于轻症患者，适当休息，使用抗炎止痛药物，如芬必得，即可减轻症状。可以佩戴颈托，一般症状在2周至一个月内可缓解。

（3）及时发现颈椎病，采取正确的治疗方法。早期颈椎病的治疗以康复理疗为主，适当辅以药物。绝大多数颈椎病不需要开刀，保守治疗即可康复。

第十节　肿瘤

肿瘤是机体在各种内在和外在致瘤因素作用下，局部组织的细胞在基因水平上失去对其生长的正常调控导致异常增生与分化而形成的新生物。根据肿瘤的特性及其对机体的影响和危害性，肿瘤可分为良性和恶性两大类。凡生长速度快、分化程度低、有局部浸润、能发生转移的肿瘤均称为恶性肿瘤，反之称为非恶性肿瘤。根据肿瘤细胞的起源，凡是起源于上皮细胞的恶性肿瘤均称为癌，占所有恶性肿瘤的90%以上，如胃癌、肺癌、乳腺癌、食管癌、结肠癌等。通常所说的"癌症"，习惯上泛指所有的恶性肿瘤。

一、教职工健康体检肿瘤检出情况

世界卫生组织国际癌症研究机构（IARC）发布的全球最新癌症数据显示：2020 年全球新确诊癌症共计 1929 万人。癌症新增人数 Top10 国家中，中国位列第一，每年新增人数占全球的 23.7%，也就是说几乎全球每 4 个新增癌症患者就有 1 个发生在中国。国际癌症研究机构预测全球 2040 年新增患者数量可能比 2020 年高出 47%，中国的增幅尤为明显。2019 年中国国家癌症中心报告显示，近 10 年中国癌症发病率每年增幅约为 3.9%。癌症成为威胁国人健康的重要杀手。①

2017—2020 年学校教职工体检中共初筛出肿瘤相关疾病 23 例，根据体检报告提示均到三甲医院进行了进一步的确诊，并进行了进一步的治疗，具体情况见表 2-15。

① 国际癌症研究机构：《2020 年全球新增 1930 万癌症患者》，载中国新闻网 2020 年 12 月 16 日天眼新闻。

表 2-15　2017—2020 年教职工体检肿瘤检出情况一览表

序号	性别	年龄	体检时间	类别	体检报告结论	阳性描述	证实时间	随访最终诊断	诊断医院	诊断类型
1	女	31	2019.9.9	恶性肿瘤	甲状腺结节；甲状腺异常回声	甲状腺双侧叶见边界不清晰的低回声区，左侧大小约3.6mm × 2.4mm，形态尚规则，内部回声尚均匀，右侧大小约12.9mm × 8.7mm，形态不规则，周边毛糙，内部回声不均匀，见沙砾样回声，CDFI：左侧未见血流信号，右侧见短柱状血流信号	2020.1.13	甲状腺癌	北京大学人民医院	临床+生化+影像+病理
2	女	50	2019.9.19	恶性肿瘤	癌胚抗原增高	癌胚抗原定量：30.63↑	2020.5.23	肺癌	中日友好医院	临床+生化+影像
3	女	35	2019.10.12	恶性肿瘤	TCT：低度鳞状上皮内病变（LSIL）；HPV56 型阳性	TCT：低度鳞状上皮内病变（LSIL）；HPV56 型阳性	2021.1.14	宫颈癌	北京协和医院	临床+TCT+HPV+病理
4	女	58	2018.8.9	恶性肿瘤	癌胚抗原增高；右上肺内结节性质待定（建议医院CT复查）	癌胚抗原定量：12.54↑；胸部正位右上肺内结节性质待定（建议医院CT复查）	2018.10.9	肺癌（肺腺癌）	肿瘤医院	手术+病理

续表

序号	性别	年龄	体检时间	类别	体检报告结论	阳性描述	证实时间	随访最终诊断	诊断医院	诊断类型
5	女	56	2018.8.25	恶性肿瘤	附件区实性占位	左侧附件区见低回声包块，大小约32mm×19mm	2018.10.7	卵巢癌	北大肿瘤医院	临床+生化+病理+影像
6	女	30	2018.9.21	恶性肿瘤	非典型鳞状细胞、HPV51型阳性	非典型鳞状细胞、HPV51型阳性	2018.12.12	宫颈癌	妇产医院	临床+生化+手术+病理
7	女	58	2017.6.30	恶性肿瘤	乳腺占位性质待定	左侧乳腺外上象限可见边界清晰，形态不规则的低回声结节，内可见沙砾样强回声，后伴声影，大小约15mm×9mm。CDFI：其内可见少量血流信号	2017.8.30	乳腺癌	北京协和医院	临床+理化+病理
8	女	48	2017.7.2	恶性肿瘤	甲状腺结节	左侧甲状腺未探及腺体回声；右侧甲状腺见边界欠清晰的多发结节，最大约7mm×6mm，其内可见点状强回声。CDFI：周边探及血流信号	2017.9.2	甲状腺癌（甲状腺乳头状癌）	肿瘤医院	手术+病理

续表

序号	性别	年龄	体检时间	类别	体检报告结论	阳性描述	证实时间	随访最终诊断	诊断医院	诊断类型
9	女	53	2017. 8. 27	恶性肿瘤	乳腺病变伴转移	左侧乳腺内下象限可见一不均质回声区，边界欠清晰，形态欠规则，大小约 31mm × 25mm × 33mm，周边呈毛刺样改变，内部可见密集的强回声光点反射，后方回声衰减。CDFI：周边及内部可见血流信号。左侧腋下可见多发的低回声结节，较大约 23mm × 13mm，边界清，较大结节内未见门样结构。CDFI：可见周边血流信号	2017. 9. 16	乳腺癌（伴腋下淋巴结转移）	肿瘤医院	手术+病理
10	女	43	2017. 10. 22	恶性肿瘤	右侧乳腺结节待查	右侧乳腺乳头上方可见边界清晰的低回声结节，大小约 22mm × 17mm，边界不清晰。CDFI：其内可见血流信号	2017. 12. 12	乳腺癌（右侧乳腺癌）	北京协和医院	临床+生化+手术+病理
11	女	32	2017. 8. 25	恶性肿瘤	HPV16 18 宫颈接触出血	HPV18 阳性	2017. 11. 5	宫颈癌	北京协和医院	手术+病理
12	女	55	2019. 9. 28	非恶性肿瘤	双侧甲状腺结节	甲状腺形态饱满，表面欠光滑，包膜完整，腺体增粗，回声欠均匀。CDFI：血流显示正常	2020. 1. 5	双侧甲状腺结节	望京医院	超声

续表

序号	性别	年龄	体检时间	类别	体检报告结论	阳性描述	证实时间	随访最终诊断	诊断医院	诊断类型
13	女	32	2019. 9. 20	非恶性肿瘤	乳腺结节	双侧乳腺腺体层回声欠均匀，结构略紊乱，乳腺导管未见明显扩张。左侧乳腺内上象限可见边界清晰的低回声结节，大小约 9mm×6mm。CDFI：血流未见明显异常	2020. 6. 10	左侧乳腺结节	华信医院	超声
14	女	59	2019. 9. 21	非恶性肿瘤	双侧甲状腺腺体回声欠均匀；双侧甲状腺结节	甲状腺形态大小正常，表面尚光滑，包膜完整，腺体增粗，回声欠均匀。甲状腺双侧叶见边界尚清晰的多发结节，右侧叶最大约 19mm × 14mm，左侧叶最大约 13mm×7mm。CDFI：实质血流丰富，部分结节内可见血流	2020. 6. 19	双侧甲状腺结节	望京医院	超声
15	女	45	2019. 9. 22	非恶性肿瘤	甲状腺结节	甲状腺双侧叶见边界尚清晰的单发结节，右侧大小约 8mm × 8mm，左侧大小约 2mm × 2mm。CDFI：血流未见明显异常	2020. 6. 25	甲状腺结节	望京医院	超声
16	女	41	2019. 10. 10	非恶性肿瘤	乳腺结节待查	彩超：右侧乳腺 9 点钟方向距乳头 4cm 处可见边界清晰的低回声结节，大小约 31mm×13mm，内回声不均。CDFI：血流未见明显异常	2020. 7. 17	乳腺纤维腺瘤	中日友好医院	临床+影像

续表

序号	性别	年龄	体检时间	类别	体检报告结论	阳性描述	证实时间	随访最终诊断	诊断医院	诊断类型
17	女	44	2019.8.30	非恶性肿瘤	宫颈接触性出血；宫颈柱状上皮异位（过去称为“宫颈糜烂”）可能性大	宫颈中度糜烂，伴接触性出血	2020.8.17	阴道炎	朝阳医院	生化
18	女	55	2019.9.9	非恶性肿瘤	宫颈 TCT：低度鳞状上皮内病变（LSIL）	宫颈 TCT：低度鳞状上皮内病变（LSIL）	2020.11.18	急性阴道炎	北京妇产医院	临床+生化
19	女	48	2019.9.17	非恶性肿瘤	妇科：宫颈接触性出血；宫颈柱状上皮异位（过去称为“宫颈糜烂”）可能性大；子宫增大	妇科：宫颈中度糜烂，伴接触性出血	2020.12.5	子宫颈糜烂	北京妇产医院	临床+影像
20	女	40	2020.12.21	非恶性肿瘤	CT：肾上腺瘤可能性大	CT：右肾上腺上缘可见脂肪密度团块影，部分与肝脏关系密切，CT 值 -28HU，最大径 12mm 左右，轮廓光滑	2021.3.7	肾上腺腺瘤	北京协和医院	临床+影像+手术+病理

续表

序号	性别	年龄	体检时间	类别	体检报告结论	阳性描述	证实时间	随访最终诊断	诊断医院	诊断类型
21	女	44	2020.12.16	非恶性肿瘤	TCT：低度鳞状上皮内病变（LSIL）	TCT：低度鳞状上皮内病变（LSIL）	2021.3.31	CIN1 级	北京妇产医院	临床+影像+手术+病理
22	女	50	2019.10.21	非恶性肿瘤	妇科：子宫肌瘤	妇科：子宫增大如孕 4 个多月，不平则，活动欠佳，无压痛	2020.12.13	子宫平滑肌瘤	北京妇产医院	临床+影像
23	女	40	2019.10.12	非恶性肿瘤	宫颈 TCT：低度鳞状上皮内病变（LSIL）；HPV43 阳性	宫颈 TCT：低度鳞状上皮内病变（LSIL）；HPV43 阳性	2020.12.14	人乳头瘤病毒（HPV）感染	北京妇产医院	临床+生化+病理

二、非恶性肿瘤与恶性肿瘤的区别

一般来说，大多数非恶性肿瘤生长缓慢且扩张，持续数年甚至数十年。非恶性肿瘤周围有纤维包膜，被周围正常组织完全包围，边界清晰，与周围组织无粘连。非恶性肿瘤没有转移。显微镜下观察，肿瘤细胞形态较为成熟，接近正常细胞。非恶性肿瘤患者一般无明显症状，多数通过手术可根治，无转移，复发少，对人体危害小。

恶性肿瘤则恰恰相反，它的生长速度比非恶性肿瘤快得多，往往以浸润性生长方式不断地增长，侵入周围的正常组织和器官。肿瘤包膜不完整或根本没有包膜。它可以沿着血道或淋巴道转移，也可发生种植性转移。在显微镜下观察，肿瘤的形态不成熟，与正常细胞截然不同。恶性肿瘤患者早、中期即可出现容易疲劳、低热、食欲不振、体重下降等症状，晚期可出现严重消瘦、出血、器官衰竭等恶病质表现，严重危及患者生命。恶性肿瘤形成与发展的原因尚未完全明了，属于多因素、多阶段与多基因作用的结果。大量流行病学研究和临床观察发现，许多因素与恶性肿瘤的发病有着密切的关系。主要包括外部因素（如化学、物理、生物等致癌因子）、内部因素（如免疫功能、内分泌、遗传、精神因素等）、心理社会因素和其他因素等。

由于非恶性肿瘤与恶性肿瘤临床表现不一，更重要的是预后不同，所以一旦发现体内出现肿块以及上述症状，就应及时进一步检查治疗，但也不要“谈癌色变”。

三、肿瘤的症状表现

1. 肿块

位于体表或浅在的肿瘤，肿块常是第一症状，相应地，可见扩张或增大增粗的静脉。因肿瘤性质而有不同硬度、移动度及有无包膜。

2. 疼痛

肿块膨胀性生长、破溃或感染等使末稍神经或神经干受刺激或压迫，可出现局部刺痛、跳痛、灼热痛、隐痛或放射痛，常难以忍受。

3. 溃疡

恶性者常呈菜花状，或肿块表面有溃疡，可有恶臭及血性分泌物。

4. 出血

在上消化道有呕血或黑便，在下消化道有血便或黏液血便；在胆道与泌尿道，除见血便和血尿以外，常伴有局部绞痛；肺癌可并发咯血或血痰；子宫颈癌可有血性白带或阴道出血；肝癌破裂可致腹腔内出血。

5. 梗阻

肿瘤可致空腔器官阻塞，如肠梗阻、肺不张、黄疸等。

6. 浸润与转移

恶性肿瘤呈浸润性生长，与正常组织界限不分明，可发生远处转移。如骨转移可发生病理性骨折，肺癌、肝癌、胃癌可致癌性或血性胸腹水等。

需要注意的是，良性及早期恶性肿瘤，多无明显全身症状，或仅有非特异性的全身症状，如贫血、低热、消瘦、乏力等。

四、肿瘤的预防

预防胜于治疗，这是普遍认可的道理，对于恶性肿瘤的预防更是这样。在人类还没有完全攻克恶性肿瘤的情况下，预防恶性肿瘤的发生是减少其对人类生命健康严重危害的最好途径之一。

肿瘤的预防可分为三级预防，恶性肿瘤的预防措施主要是第一级预防和第二级预防。

第一级预防：是指消除或降低病因，提高机体防癌能力，防患于未然（也称病因预防）。

第二级预防：是筛检癌前病变或早期癌症病例，做到三早（早发现、早诊断、早治疗），防患于开端（也称三早预防）。

第三级预防：对已患癌症患者，减少并发症，防止致残，提高生存率、康复率，以及减轻痛苦等，防患于已然（也称综合预防）。

五、肿瘤的早期筛查

肿瘤筛查是早期发现癌症和癌前病变的重要途径。体检中各项血液检查指标，B 超、X 光、肛门直肠指检，妇科体检中的巴氏涂片、乳腺钼钯摄片等都是常用的筛查肿瘤的方法。常见的肿瘤筛查体检方案见表 2-16。

表 2-16　肿瘤筛查体检推荐方案

检查方法	性别	年龄（岁）	期限
乙状结肠镜检查	男、女	≥50	每 3~5 年
直肠指诊	男、女	≥40	每年
宫颈刮片及盆腔检查	女性	≥18 有性生活者	每年或由医生酌情定
子宫内膜活检	女性	绝经期高危妇女	绝经期
乳腺自检	女性	≥20	每月
乳腺临床检查	女性	20~39	每 3 年
		≥40	每年
乳腺摄片	女性	35~39	摄片一次备查
		≥40	每 1~2 年

续表

检查方法	性别	年龄（岁）	期限
乳腺摄片	女	≥50	每年
肿瘤标记物检查	男、女	高危人群	由医生酌情定
健康咨询	男、女	20~40	每3年
癌症检查	男、女	≥40	每年

第十一节　冠心病

冠心病全称为冠状动脉粥样硬化性心脏病，是指专门负责心脏血液供应的冠状动脉痉挛或内壁发生粥样硬化而使血管腔狭窄、阻塞，进而导致心肌缺血缺氧或坏死而引起的心脏病。世界卫生组织将冠心病分为五大类：无症状心肌缺血（隐匿性冠心病）、心绞痛、心肌梗死、缺血性心力衰竭（缺血性心脏病）和猝死。临床中则常分为稳定性冠心病和急性冠状动脉综合征。

一、与冠心病相关的疾病检出情况

据《2016年中国心血管病报告》显示，中国心血管病的发病人数在不断增加，每5例死亡者中就有2例死于心血管病，其患病年龄趋于年轻化，自40岁开始，每增加10岁，冠心病的患病率增加1倍。男性50岁，女性60岁以后，冠状动脉硬化发展比较迅速，同样心肌梗塞的危险也随着年龄的增长而增长。在各类心脏病中，冠心病的死亡人数远超其他心脏病，其中约60%猝死（未及时送到医院），5%～10%在医院死亡，还有30%因慢性心功能衰竭而死亡。

教职工体检中检出的肥胖、高血压、高血脂、高血糖等疾病与心脏健康有关，高血压、血脂异常、糖尿病及糖耐量异常、肥胖等都是引发冠心病的高危因素，全体教职工对此问题都要引起高度重视。

二、冠心病的高危因素

冠心病的基本病因是冠状动脉粥样硬化，冠心病的发作常常与季节变化、情绪激动、体力活动增加、饱食、大量吸烟和饮酒等有关，了解并干预危险因素有助于冠心病的防治。其危险因素主要包括以下内容：

（1）年龄、性别、遗传。多见于40岁以上人群，男性更多见，有心血管疾病家族史。

（2）血脂异常。其中最重要的危险因素是总胆固醇、低密度脂蛋白高于正常标准。

（3）高血压病。高血压病病人患冠心病概率比血压正常者高 3~4 倍。

（4）吸烟。吸烟者比不吸烟者发病率和病死率高 2~6 倍，被动吸烟也是危险因素。

（5）糖尿病和糖耐量异常。糖尿病病人患冠心病风险增加 2~5 倍。

三、冠心病的症状表现

冠心病发作以发作性胸闷、胸痛为主要临床表现，典型胸闷、胸痛的特点为：

（1）部位：主要在胸骨体中上段之后，或心前区，界限不清楚，常放射至左肩、左臂尺侧到无名指和小指，偶有至颈部、咽部或下颌部。

（2）性质：胸痛常为压榨样，有憋闷感，也可有烧灼感，偶伴濒死感。

（3）持续时间：疼痛出现后常逐渐加重，持续 3~5 分钟，休息或含服硝酸甘油可缓解。

需要注意，一部分冠心病患者的症状并不典型，仅仅表现为心前区不适、心悸或乏力，或以胃肠道症状为主。某些患者可能没有疼痛，如老年人和糖尿病患者；约有三分之一的患者首次发作冠心病表现为猝死。冠心病也可能伴有全身症状，在合并心力衰竭的患者中可出现。

四、冠心病的诊断与预防

1. 冠心病的筛查与诊断

冠以病的筛查主要有两个方面：

（1）机会性筛查：在各级医疗机构进行日常诊疗过程中检测发现心电图异常表现者；健康体检、单位医务室等偶然发现心电图异常者。

（2）重点人群筛查：35 岁首诊行心电图检查。冠心病易患人群，建议每半年检查心电图，必要时可行活动平板检查或冠状动脉 CT 检查。

2. 冠心病的诊断

冠心病的诊断主要依赖典型的发作性胸痛为主的临床症状，再结合辅助检查发现心肌缺血或冠脉阻塞的依据，以及根据心肌损伤标志物判定是否有心肌坏死。最常用的检查方法包括无创性检查和有创性检查。无创性检查有心电图、心脏超声、冠状动脉 CT、心脏负荷试验、磁共振成像、冠状动脉造影等。有创性检查有冠状动脉造影和血管内超声等。其中，对高危人群早期行冠脉CT检查有助于检测动脉粥样硬化斑块和早期诊断急性冠脉综合征。而在影像指导下的预防、药物治疗和冠脉介入治疗效果都能得到相应的改善。

3. 冠心病的预防措施

（1）控制进食总热量，适当运动，以维持正常体重，40岁以上者尤其应注意肥胖。

（2）超过正常标准体重者，减少每日进食的总热量，食用低脂（脂肪摄入不超过总热量的30%，其中动物性脂肪不超过10%）低胆固醇饮食。提倡饮食清淡，多食富含维生素C（如新鲜蔬菜、瓜果）和植物蛋白（如豆类及其制品）的食物。尽量食用橄榄油、花生油、菜籽油等。

（3）年过40岁者即使血脂无异常，也应避免食用过多的动物性脂肪和含胆固醇较高的食物，如肥肉、蛋黄、蟹黄、鱼子、奶油及其制品等。宜进食低胆固醇食物，如鱼、瘦肉、蛋白、豆制品等。

（4）戒烟限酒。

第三章 教职工心理健康

心理健康是指个体能够适应和发展着的环境，具有完善的个体特征；且其认知、情绪反应、意志行为处于积极状态，并能保持正常的调控能力。从广义上讲，心理健康是指一种高效而满意的、持续的心理状态。从狭义上讲，心理健康是指人的基本心理活动的过程内容完整、协调一致，即认识、情感、意志、行为、人格的完整和协调，能适应社会，与社会保持同步。

第一节 教职工心理状况分析

目前，高校教职工的心理健康不容乐观，由于教育改革力度增加，学校之间、同事之间竞争激烈，学生素质参差不齐，教职工还面临学历职称、论文课题、竞聘上岗、评等评级等各种压力，此外还有家庭关系、经济原因及自身的身体健康等，它们共同构成了教职工的压力源。一些人正承受着程度不同的心理问题的困扰，比如焦虑、忧郁、烦躁、易激怒、压力过大、人际矛盾等问题，甚至个别人还可能发展为比较严重的心理障碍。本节内容以某工会组织对某高校通过压力、焦虑、抑郁三项指标的自评测试，对教职工团体的心理健康状况进行筛查。测试结果总结分析如下。

一、教职工压力自评测试

“压力”是指由刺激引起的、伴有躯体机能以及心理活动改变的一种身心紧张状态。压力是把“双刃剑”，适度的压力让人振奋，增强内在动力和活力，但是一旦过度，就会对人的身心健康造成影响。每个人对压力的感受不同，同样的事件对不同的人可能造成不同程度的压力。

1. 测试情况

学校选用压力自评量表（SSQ-53），将个体目前所承受的心理压力分为十个级别，四个水平，即压力偏低、压力适中、中度压力和重度压力。此次参加心理体检的人员共1960人，其中男性686人、女性1274人；普通职工1842人，各级管理者117人；年龄区间为19～60岁，平均年龄为27.32岁。有977人的压力水平偏低，721人的压力水平适中，另外204人有中度压力，58人有重度压力。

2. 压力水平

按照测评结果将压力分为四个水平，其中数据结果处于压力偏低水平的测试者动力缺失，压力适中水平是最佳状态，而中度压力水平已经超出了正常的压力范围，重度压力则已处于精神崩溃的边缘。

（1）压力偏低：几乎感觉不到压力，无论是工作还是生活都轻松自在。情绪稳定，身心健康状况佳。说明具有安定的生活、工作环境，和良好的人际关系。这种完全没有压力的状态会使得生活、工作缺乏动力和激情，自身的潜力也将无法被充分地挖掘。

（2）压力适中：目前的压力为最佳状态，情绪稳定，有一定压力但不会对身心健康造成影响，并且这种程度的压力能够激发内在动力，感觉目标明确、充满自信、干劲十足。说明该水平的测试者具有较好的压力管理能力，或者处于较为安定、宽松的生活、工作环境与和谐的人际关系中。

（3）中度压力：近期生活和工作中的压力给测试者带来一定的烦恼，偶尔会出现紧张、焦虑、情绪不稳定等心理症状，以及肠胃不适、头痛、疲劳等身体症状。说明测试者的压力管理能力较差，或者生活不规律、没有良好的社会支持系统和人际关系，遇到压力时缺乏有效的缓解措施。若不及时改善目前的状态，越来越沉重的压力会对测试者的身心健康造成威胁。

（4）重度压力：目前正遭受着沉重压力的折磨，情绪不稳定，出现抑郁、焦虑、失眠、健忘等心理症状，以及腰酸背痛、浑身无力、肠胃不适、疲劳头痛等身体症状。感觉身心疲惫，精神处于崩溃的边缘，正常的生活与工作受到严重的影响。过度的压力已对身心健康造成严重威胁，若不及时改善，甚至会引发心身疾病。

根据教职工测评数据统计结果发现，目前承受压力适中的人员有36.79%，49.85%压力水平偏低，表现为动力缺失。10.41%有中度压力，

2.96%有重度压力。有中度和重度心理压力的人群已表现出不适症状，已影响到正常工作生活，尤其是重度压力的人群已接近崩溃的边缘，学校对此人群进行了重点关注并及时采取措施。另外，动力缺失的人群容易感到精神不振、空虚茫然，学校对此也给予了重视。

二、教职工焦虑自评测试

焦虑是指一种缺乏明显客观原因的内心不安或无根据的恐惧，是人们遇到某些事情如挑战、困难或危险时出现的一种正常的情绪反应。适度的焦虑情绪有利于人们积极地应对外界的变化，激发人的潜能。但是过度的或长期的焦虑会影响人们的日常工作和生活，甚至可能发展为焦虑症，危害个体的心身健康。

1. 测试情况

学校选用焦虑自评量表（SAS）对教职工进行焦虑自评测试团体报告焦虑倾向水平评估结果分析，参加此次焦虑自评的人员共1796人，其中男性635人、女性1161人；普通职工1676人、各级管理者111人；年龄间为19~60岁，平均年龄为25.67岁。测试结果将个体目前焦虑倾向水平分为四个级别，即无焦虑倾向、轻度焦虑倾向、中度焦虑倾向和重度焦虑倾向。其中，有1610人未出现焦虑症状，128人出现轻度焦虑症状，有轻度焦虑倾向，另外分别有40人和18人出现中度和重度焦虑症状，有中度和重度焦虑倾向。

2. 焦虑水平

按照测评结果将焦虑倾向分为四个水平，下面对这四种焦虑倾向水平状况进行较为详细的描述。

（1）无焦虑倾向：通常感觉轻松、自在，很少有紧张、急切之感，几乎没有无缘由的害怕、烦躁和惶恐；对将来的事情抱以顺其自然的态度，不会过多担心。精力充沛，肢体强劲有力，饮食睡眠状况良好。极少出现莫名的躯体疼痛和发抖的症状。

（2）轻度焦虑倾向：有时感到紧张、着急，甚至出现轻度的害怕、烦躁和恐慌感；对未来可能发生的、难以预料的事情产生担心、忧虑；躯体状态不如平时良好，有肢体轻微乏力、软弱和紧张感；有时心慌和轻微手抖，会出现轻度的头、颈和腰背部酸痛；有时也存在入睡难、睡眠不深、梦多等现象；可能有轻度的胃部不适感、食欲下降或猛增；也可能出现轻度头晕、心跳加快和呼吸时憋闷等不适症状。

(3) 中度焦虑倾向：明显感到紧张、不安甚至惶恐；时常对未来可能发生的、难以预料的事情感到担心、忧虑；睡眠很差，有明显的入睡难、睡眠不深、梦多、觉醒次数增多等现象；胃肠功能状况不佳；经常感到明显的心慌、胸闷，难以安静；时常体验到坐卧不宁，心急心烦的烦躁情绪；常有身体紧张、疼痛或软弱无力感，手脚发抖、多汗；总觉得口干舌燥且尿意频频。

(4) 重度焦虑倾向：绝大多数情况下处于严重的紧张、不安、急切甚至惶恐之中，坐卧不宁，寝食难安，觉得大难临头，惶惶不可终日；总是对未来可能发生的、难以预料的事情感到担心、忧虑；心慌、胸闷，肢体软弱无力却难以安静，要不停地做事或走动以减轻不安感；可能出现手脚震颤、冰冷、多汗甚至麻木的症状；入睡困难，常出现彻夜难眠的情况，即使睡着也很难深睡而且噩梦不断；尿意频频，也可能出现大便次数增多的现象。

根据学校焦虑测评数据统计结果发现，目前无焦虑倾向的人有89.64%，13%出现轻度焦虑倾向（轻度焦虑症状），2.23%和1%有中度和重度焦虑倾向（中度和重度焦虑症状）。焦虑情绪极易引发其他心理问题，对于有焦虑倾向的群体，应有针对性地开展相关工作，帮助其缓解焦虑情绪。尤其是已经出现重度焦虑倾向的人群，报告中已给出尽快去医院作进一步诊断的建议，学校对这部分人群也给予了特别的关注和重视。

三、教职工抑郁自评测试

抑郁自评量表（SDS）为美国教育卫生福利部推荐的用于精神药理学研究的量表之一，该量表因使用简便，应用颇广。本测验为短程自评量表，操作方便，容易掌握，不受年龄、性别、经济状况等因素影响，目前在各大医院中被广泛使用。

1. 测试情况

学校选用抑郁自评量表，将个体目前抑郁倾向水平分为四个级别，即无抑郁倾向、轻度抑郁倾向、中度抑郁倾向和重度抑郁倾向。此次抑郁倾向测试的人员共1795人，其中男性638人、女性1157人；普通职工1677人、各级管理人员109人；年龄区间为19~60岁，平均年龄为25.63岁。测试结果表明，有1422人未出现抑郁症状；199人出现轻度抑郁症状，有轻度抑郁倾向，另外，分别有152人和22人出现中度和重度抑郁症状，有中度和重度抑郁倾向。

2. 抑郁倾向水平

按照测评结果将抑郁倾向分为四个水平，下面对这四种抑郁倾向水平状况进行较为详细的描述。

（1）无抑郁倾向：心境良好，从不感到忧愁，自我感觉良好，不对自己的未来悲观，从不或极少有内疚体验；心态良好平和，能保持原有的兴趣和爱好，并在活动中感到愉悦；食欲、睡眠和身体状况良好。

（2）轻度抑郁倾向：有时感到情绪低落，在某些事情面前似乎少了些兴趣、愉悦、高兴；有时表现出易伤感、流泪，较自己正常的状况稍微脆弱了些，睡眠质量较以前稍差，可能食欲也不及以往，并有轻微的疲乏感；自信心似乎较平常有所下降；多数事情仍可以做，但要加强努力才可以完成，感觉自己的能力不及过去；思考问题好像反应比过去迟钝了些，有时遇事易犹豫，难以轻易决断，会对自己稍感不满意。

（3）中度抑郁倾向：整日感觉高兴不起来、觉得任何事情都没有意思、没有意义；时常为自己的言行而内疚自责，甚至可能产生与死有关的想法；明显感觉自己的能力下降，无用无为感较严重，时常觉得未来没有希望；遇事犹豫不决，对自己很不满意；睡眠很差，食欲、性欲明显下降，亦会经常地感到明显的疲劳感，有时会有较强烈的心慌不安；体重较前有所下降。

（4）重度抑郁倾向：情绪极度低落，完全丧失愉快体验，对任何事情都无法产生兴趣，不能感受到丝毫的快乐，甚至连强颜欢笑也无法做到。经常产生对自己的不满意感，觉得自己一无是处，也为过去的事情而后悔内疚自责，甚至产生强烈的罪恶感，为此痛恨自己，认为自己应该受到惩罚，还可能产生自杀观念，甚至出现自杀行为；经常哭泣或无声流泪，甚至欲哭无泪。睡眠非常差，常难以入睡，并早醒不能再入睡；食欲非常低下，甚至食欲全无。每天吃饭如同完成一项艰巨的任务一般；身体有极度疲劳感，以致不能做任何事情；大脑思考问题迟缓艰难，不能对小事情做出决定，进一步加重了无价值感及绝望感。

根据测评数据统计结果发现，教职工中目前无抑郁倾向的人有 79.22%，11.09%出现轻度抑郁倾向（轻度抑郁症状），8.47%和 1.23%有中度和重度抑郁倾向（中度和重度抑郁症状）。对于有抑郁倾向的群体，应有针对性地开展相关工作，帮助其缓解抑郁情绪。尤其是已经出现重度抑郁倾向的人群，报告中已给出尽快去医院作进一步诊断的建议，单位也给予重点关注并及时采取措施，以免发生严重的心理危机事件。

第二节　教职工心理健康调适

造成教师心理健康问题的原因是多样和复杂的。从外部因素来说，学校在改善教职工心理健康状况时，应从政策、管理等各方面尽可能为他们提供宽松、愉快的工作环境与心理氛围。从内部因素来说，教职工本身应树立正确的人生观和价值观；了解自我、正确评价自我；学会及时进行心理疏导，进行自我调节。

一、影响教职工心理健康的常见风险因素

1. 职业压力

职业压力是指教职工在职业活动中，由于不能满足某种需要而感受到紧张或焦虑状态，从而造成与其职业要求不相符的一系列不良反应。首先，职业道德让教职工承受着职业压力。他们必须时刻注意自己的言行，约束自己的行为，抵制各种诱惑，力求表现完美。其次，教职工尤其是教师，要具备的专业知识和专业技能是青年教师压力的重要来源。大学教师面对的工作对象是心理、生理发展日渐成熟的青年，要求从事大学教育的教师们更具有专业性、独立性、创造性、实践性等特点。最后，科学研究、教师评价等是构成教职工职业压力的重要源头。作为高校教师，教学工作和科研工作都得做好。公开发表论文的数量、课题申报、职称晋升、工资调级、受聘任职等一系列具体问题都给教师造成了很大的压力。

2. 人际交往问题

人际关系是指人与人之间通过交往建立起来的某种比较稳定的心理联系，它反映着人与人之间的心理距离。据统计资料表明：良好的人际关系，可使工作成功率与个人幸福达标率达85%以上。教职工至少要学会处理三种人际关系，即师生关系、同事关系、上下级关系。调查发现，教职工在校内除工作关系外，经常与他人交往的只有16.99%，在校外经常与他人交往的只有11.49%。主要表现为缺乏必要的交往技能和手段，不善于处理复杂的人际关系，不能与学生、同事、领导融洽相处等。

3. 自我心理调控能力不足

社会和学校是引发教职工心理健康的外部因素，而教职工个人则是引发心理健康问题的内部因素。教职工在工作和生活中，免不了受到各种挫折和打击，可是，许多教师缺乏心理学知识和自我调节能力，心理问题得不到及时排解，不良情绪长期得不到释放，导致恶劣情绪突破心理承受能力的极限而爆发。

4. 生理健康受损

由于教职工尤其是教师的社会角色的特殊性，教师往往更容易隐藏自己的心理问题。当教职工面对压力事件或情境时，神经系统与腺体会进行一系列活动来对抗或逃避，容易导致身心耗竭，产生疾病或加速老化。另外，教职工自身身体健康状况不佳、年复一年单调枯燥的工作和生活、特殊的年龄阶段等因素，也是造成心理健康状况欠佳的重要原因。

二、保持教职工心理健康的应对措施

1. 领导重视教师身心健康，建立科学评价机制

高校教职工虽然具有高学历和丰富的专业知识，但还是有相当一部分青年教师缺乏心理卫生知识和心理调节技巧，导致产生心理问题或者出现情绪失控等状况。学校在此方面做了不少工作和尝试，具体体现在以下方面：首先，学校对教职工有计划地开展心理咨询和心理辅导，以举办心理健康讲座等方式为青年教师广开心理宣泄的渠道，促进教职工的心理健康。其次，合理安排教职工的工作量，避免过度超负荷工作，保证他们自由地支配时间。最后，不断完善教师工作的评价制度，建立相对科学合理、简便易行的考评指标体系和考评办法。

2. 把自己融于社会大家庭中，建立良好的人际关系

建立和保持和谐的人际关系，就会积极乐观、心情舒畅、精神振奋，工作效率也会高；反之，则易心情郁闷、性情孤僻。对此，教职工要增强角色的适应能力和转换能力，要善于调节心理状态，使自己与社会融为一体。良好而真诚的人际关系，是重要的心理保健途径，可以增加自信和理解，减少心理上的不适感。对上，可以理解领导工作，对同事，可以经常沟通，为别人的成就真心喝彩。以平静的心态对待发生在身边的事情，对自己的家人、同事、朋友要有一颗感恩的心。这样，就能把自己融于社会

大家庭中，随时保持健康的心理状态。

3. 注重自我调节，积极面对

教职工心理问题的解决离不开社会客观条件的改善，但是教职工自身积极的自我心理调适，对维护自己的心理健康也是十分必要和有效的。首先，要树立正确的人生观。只有拥有了正确的人生态度，才能有积极乐观的情绪。其次，应培养自己某些方面的兴趣爱好，多方面的爱好可以陶冶情操，可以在一定程度上减轻患得患失、喜怒无常的不良情绪状态。最后，找信任的特别是性格开朗的知心朋友倾吐自己的压力、烦恼等，听听他们的建议，调节自己的心理失衡，这样，才有利于摆脱沉重而消极的情绪。

4. 维护身体健康

身体健康是心理健康的物质基础，一个人只有身体健康，才能提高工作效率，同时也为心理健康创造一个积极向上的基础。教职工要合理安排工作生活节奏，合理饮食，这样才能提高工作效率，达到最佳状态。首先是注意营养要求，养成良好的饮食习惯；其次是积极进行体育锻炼如散步、慢跑、游泳等活动有助于释放体内能量，消除学习及工作在体内积累起来的压力和紧张等负面情绪，保持良好的身体素质；最后是要适当娱乐与休息，保持旺盛精力情绪，控制自身情绪状态的影响。

5. 营造和谐幸福的家庭

家庭是每个人非常重要的社会支持系统。家庭的放松和温馨，家人的理解和关爱，会减轻我们的工作压力。美满的家庭，能在个体遇到困难时给予鼓励和帮助，缓减个体的心理压力。幸福的家庭是教师面对诸多心理困境的良药。在工作中遇到困扰、受到压力的教师如果回到家中能感受到家庭的温馨，在工作中本应体验到而没有体验到的满足感就能够在家庭中得到弥补。其次，有了家的和谐与安宁，我们才能全身心地投入工作当中，才能把那份和谐带进校园、带进班级。因此，教师应该努力营建一个幸福和谐的家庭。

档案

第三篇
校园健康
管理实践

学校自创办以来，就深刻认识到教职工的健康关乎学校的创新能力和发展能力，拥有身心健康的教职工是学校长期发展的重要保证，因而始终把“善待学生，厚待教工”作为重要的治校之道。为营造和谐健康的校园环境，在校党政领导的高度重视下，多年来在教职工健康促进方面推出了一系列措施和方案，并在经费、政策、人力、策略、组织、措施、物力等方面予以保证促其落到实处，使教职工真正感受得到。校医院作为学校专业的医疗健康服务提供机构，也是学校健康促进的主要责任部门，近年来其定位的功能已逐渐从最初的简单的疾病医疗保障向校内师生健康服务与疾病预防的方向拓展。校医院在传授健康知识与健康技能、完善教职工健康管理方面，做了大量工作，努力探索建立了一套较为合理和合适的健康管理模式并予以实施。在校园疫情防控方面，也形成了一整套切实可行的方案和措施，确保了师生健康、校园平安。

第一章　校园健康促进

为了营造和谐健康的校园环境，学校专门出台了《教职工健康幸福工程实施方案》，重点围绕做好教职工的人文关怀、健康饮食、硬件环境三个体系开展服务，使广大教职工树立起自我身心保健理念，掌握适合自己的锻炼技能和排解心理压力的方法，养成健康的生活和工作习惯，以提高教职工幸福指数，促进教职工个体发展和学校发展的双赢。学校开展的“教职工健康幸福工程”既是时代的要求，更是民生的呼唤。“十二五”期间，学校的这项工作取得了显著成绩，《实施健康幸福工程，汇聚发展正能量》获北京市教育工委党建思想政治工作、创新成果三等奖，得到了上级的认可和鼓励。学校通过开展“教职工健康幸福工程”，调动了全体教职工的参与意识，探索具有针对性、个性化的健康管理、慢病防控、健康教育、健康促进的最佳途径和手段，切实指导患病、亚健康人群增强健康意识、积极改变生活方式、做好健康教育素材的收集整理、健康促进效果的评估，以及档案的管理和利用，使学校教职工的健康状况得到了较大的提升和改善。

第一节 校园健康服务

学校以构建和谐校园为目标，以“关心教职工、理解教职工、服务教职工、发展教职工”为宗旨，认真做好教职工校园健康服务工作。校医院立足高校特点，通过有效的管理，准确了解教职工健康和潜在隐患状况，加强校园健康服务，帮助教职工达到改善健康状态、提高生命质量的目的。

一、抓好体检源头工作

健康体检是对身体情况的初步筛查，校医院从源头抓好教职工体检工作。

1. 优选体检项目

学校根据职工情况，优选体检项目并制定分层次体检方案。每年校医院会邀请医疗、预防等方面的专家和教职工代表开展研讨论证工作。根据上一年的总体体检结果、发现的问题以及教职工的反馈，讨论并制定本年度的体检方案。按照年龄、性别特点分别有针对性地选择和设定体检项目。

2. 优选体检机构

每年校医院都按照学校集中采购招标的有关政策要求，提前做好体检医院和机构的调研和筛选工作，充分考虑多方面因素，进而提出最适合的优选招标计划。体检机构选择充分考虑以下三个方面：

（1）符合政采招标相关政策要求。

（2）有一定大量教职工人群的接待实力，且有较高的知名度、良好的服务能力和较为优良的就诊环境。

（3）能满足教职工个性化、多样化的需求，在项目选择、时间选择、体检点选择方面有足够的便利性和灵活性。

3. 建立教职工个人健康档案

每年体检结束后，分析体检结果，建立教职工个人健康档案，按照健康问题的不同程度划分等级，与前一年体检结果对比，对教职工进行分类指导，抓两头促中间。对健康水平下降的教职工通过讲座、饮食、锻炼方式、日常健康监控等手段进行跟踪指导。对重点人群进行有针对性的跟踪调查。

从近几年的健康体检结果分析来看，高发病的病种基本相同。其中高血压、高血脂、高血糖和乳腺增生、子宫颈炎、子宫肌瘤尤为突出。甲状腺结节、高尿酸的患病率有明显增高。“三高”在我国以高患病率、高危险性、高医疗费用著称，已成为危害人们身心健康的突出问题。乳腺增生、子宫颈炎、子宫肌瘤是妇女常见多发病，严重影响着女教职工的身心健康，给生活、家庭、工作带来了很大的困扰，因此，加大对“三高”及妇科疾病人群的健康管理势在必行。学校将“三高”和妇科疾病人群确定为重点管理人群。为了进一步明确诊断，掌握“三高”及妇科疾病人群患病的严重程度，需要对该人群进行复查，包括血压、血脂分析、血糖及妇科检查，结合病史及体检报告综合分析，对其身体状况进行一次健康评估，客观地了解身体处于何种状态以及严重程度（轻、中、重），同时进行知己健康调查，包括对“三高”及妇科疾病的认知程度，重视程度，是否就医、治疗等。以“三高”为例，将重点人群按照病情进行分类，将三项均高者视为重度，两项增高者视为中度，一项增高者视为轻度。需建立健全健康档案，使健康状况得到动态跟踪和医学监督，根据病情程度制订健康饮食、运动计划，确定具有针对性和个性化的管理方案。

（1）对于重度人群，按照三级预防进行管理，给予密切跟踪随访，在饮食营养、生活起居、运动保健、心理减压等方面给予个性化有针对性的指导和调理。密切监测血压，定期（每月）复查血糖、血脂、B 超，督促其就医治疗，达到治病防残，延长生命，稳定病情，预防并发症，提高生活质量的目的。

（2）对于中度人群，按照二级预防进行管理，从预防入手，通过信息化技术如建立网络平台、电话、短信、邮件等形式为患者进行一对一危险因素分析，生活干预与指导，督促其定期到门诊检查，监测健康状态，发现问题，及时处理，达到早期治疗，控制病情发展的目的。

（3）对于轻度人群，帮助其建立自我健康管理方法，通过信息化健康管理平台，给予健康生活方式干预和指导，达到早发现、早控制的目的。

（4）重视教授患病人群，视为重点人群进行管理。

二、开展校园健康教育

为了提高全校教职工的健康意识，建立自我健康管理方法，学校采取多种形式开展健康知识宣教工作。通过健康教育和健康咨询提高教职工的健康行为和健康意识，培养健康习惯，使他们积极主动地消除危害健康的不利因素，维护健康。

1. 健康咨询进校区活动

校医院和工会组建教职工健康教育讲座小组，为了不影响学校正常的教学科研秩序，采用一线工作法，即利用各学院教师集中日，进入校区、学院，进行健康教育。针对教职工个性化的健康需求和日常性的健康问题，则主要依托校医院医护人员全天候的健康咨询和指导，同时与慢性病、传染病预防相结合，做到多种健康状况的兼顾和协调，从而给出最优化的健康建议。此外，校医院还利用中午时间在校园里设立“健康咨询服务站”，现场解答教职工在疾病的预防、治疗、保健方面的问题，发放宣传材料，做健康知识问卷。

从2014年开始，根据本年度健康体检结果，针对教职工的共性问题，聘请健康教育专家走进校区开展健康咨询，到学校进行健康知识的普及教育，平均每月走进一个校区，每年至少走进9个校区。先后针对心脑血管、妇科、免疫系统、肛肠等常见病开展健康咨询，为教职工提供一对一、面对面、心贴心的健康咨询活动，从而使教职工树立正确的健康观念，建立健康的生活方式，防治疾病。

示例：

关于在×××校区开展内分泌及妇科疾病健康咨询活动的通知

各二级工会、广大教职工：

为落实学校教职工“健康幸福提升工程”，分别定于12月15日和19日开展健康咨询进校区系列活动。本次请到本市三甲医院专家为教职工进行内分泌系统及妇科方面疾病的咨询。现就具体事宜通知如下：

一、咨询时间及类型：

12月15日（周四）13：30~16：30，内分泌疾病咨询。

12月19日（周一）8：30~11：30，妇科疾病咨询。

二、咨询地点：

校医院二层2005室。

三、咨询人群：

体检发现内分泌系统疾病，糖尿病、血糖增高及其他代谢性疾病，如甲状腺、肾上腺疾病等；女职工体检发现妇科方面疾病，如妇科炎症，盆腔肿瘤、囊肿等方面的咨询，尤其是一线教师、教授等群体。

四、注意事项：

为确保效果，请前来咨询的教职工务必携带既往病历及体检报告。

2. 举办专家健康知识讲座

学校根据健康体检中存在的普遍性问题，每年聘请校内外相关领域的专家进行有针对性的健康讲座，以提升教职工的健康意识，并提供最新的健康知识和指导。例如，校医院和校工会先后联合组织了“超重与代谢综合征”“心脑血管的预防从饮食抓起”“远离癌症”“平稳度过更年期”“女性乳腺保护”“教师如何保护嗓子正确发声”“营养热点问题与对策”“防止运动损伤”“甲状腺疾病预防与诊治”“关注口腔健康”等10余次常见病健康知识讲座，大大提高了教职工的预防保健意识。

示例1：

关于开展妇科方面疾病健康咨询活动的通知

各学院、直属部门工会、广大教职工：

根据我校教职工体检情况分析和教职工需求，校医院、校工会决定组织有关妇科方面疾病健康咨询活动，本次为大家提供咨询服务的是北京协和医院妇产科主任医师陈××。现就具体事宜通知如下：

一、时间：11月24日（周二）9：30~12：30。

二、地点：×××校区校医院二层2005室。

三、咨询人群：体检中发现妇科疾病的教职工，尤其是教授、一线教师等特殊群体。

四、参加方式：有需求的教职工请持医保卡于11月24日8：00以后到校医院挂号，然后按先后顺序咨询，名额15人，挂满为止。

五、请前来咨询的教职工带既往病例或体检报告。

示例2：

关于开展口腔保健健康知识讲座暨校医院口腔科开诊活动的通知

各二级工会：

为落实学校教职工“健康幸福提升工程”，关注学校广大教职工的口腔健康，方便教职工口腔疾患校内就诊，校医院、校工会联合举办“关注口腔保健”健康知识讲座暨校医院口腔科开诊活动。此次讲座校医院特聘请北京大学人民医院口腔科医生许博士主讲。现将具体活动通知如下：

一、讲座时间：2016年12月7日（周三）13：30~15：00。

二、讲座地点：校医院三层健康教育教室。

三、主讲人：许博士

四、参加人：因场地有限，原则上建议各二级工会按照分配名额（附件2）参加，并提醒参加活动的教职工携带员工卡现场电子签到（计入继续教育学时）。

五、活动议程：口腔保健健康知识讲座；

参观校医院口腔科诊室。

许博士简介：

北京大学人民医院口腔科医生，从事口腔临床工作十余年，在种植、修复领域有很深造诣。主要擅长固定修复、活动修复、种植义齿、瓷贴面修复、单颗牙种植、多颗牙种植。获得北京大学口腔医学院口腔修复学博士。中华口腔医学会口腔全科医师委员会青年委员，北京口腔医学会口腔修复学专业委员会专科会员。

3. 开展健康服务月活动

学校开展健康服务（咨询）月活动，有针对性地聘请校外知名专家到学校坐诊为教职工诊病。校医院还利用中午时间在校园里设立“健康咨询服务站”，现场解答教职工在疾病的预防、治疗、保健方面的问题，发放宣传材料，做健康知识问卷，使教职工足不出户就能享受到专家的指导和服务。

示例：

关于开展健康咨询月活动方案

为更好地落实学校“健康幸福工程”，进一步提高师生的健康水平，增强健康意识，培养健康生活方式，校医院5月开展以“改善服务态度，真情服务师生”为主题的健康咨询月活动；10月将开展以“医疗质量”为主题的提高医疗质量服务月活动。活动方案如下（5月方案）：

一、活动主题

改善服务态度，真情服务师生。

二、活动时间

2015年5月4—31日。

三、主办单位

校医院。

四、活动内容

免费测血压，血糖，24小时动态血压（预约10人），体脂监测（预约10人），传染病咨询，用药咨询，公费医疗及医保咨询。

五、活动时间及形式

5月26日中午，校医院在南院为师生进行免费检测血压、体质，血糖、动态血压及健康咨询，其间在南院大屏幕（体育部北墙）播放预防传染病宣传片，并设横幅、发放传染病宣传材料、校医院医疗服务满意度调查问卷等。各校区准备：血压计2、血糖仪1、横幅1、调查问卷及小礼品、传染病宣传资料。

六、准备工作

1. 学校OA网发通知。

2. 横幅5个：校医院健康咨询1（校医院）、健康咨询4（校区），健康咨询项目桌牌（签）数个。

3. 预防保健科：传染病宣传材料、视频光盘。

4. 问卷400份。

5. 血压计4个、血糖仪1个、动态血压及体质仪。

6. 公费医疗、医保咨询（准备相关内容宣传资料）。

7. 用药咨询：药房（准备相关内容宣传资料）。

三、加强体检后健康诊疗服务工作

校医院通过年度健康体检和日常门诊筛查，准确把握教职工健康状况，并深度挖掘分析教职工健康需求，进而针对教职工普遍存在的健康问题和健康需求，采取相应的健康措施予以早期干预。在这方面较有特色的有：聘请专家进校坐诊；增加中医药和理疗的特色服务项目和内容；与校工会联合开展免费的教职工保健按摩服务等。这些服务都受到了教职工的广泛欢迎，取得了较好的社会效果。

1. 聘请专家进校坐诊

为更好地服务教职工，在健康体检结束后，校医院根据教职工的健康状况，有针对性地聘请专家进校坐诊，使教职工足不出户就能享受到专家的指导和服务。例如，针对教职工体检中发现痔疮高发的问题，校医院聘请隆福医院肛肠科殷主任定期到校坐诊，为相关患病师生提供便捷服务；聘请协和医院、安贞医院有关内分泌、心血管专家来校为有相关问题的教职工进行专项咨询和定点诊疗。学校某教授就是在专家进校过程中，发现了严重心脏缺血问题，后经安贞医院诊治安装支架后恢复健康又重返教学一线。

2. 建立中医药健康服务项目

在学校教职工的健康管理和健康促进服务中，校医院不断调整和增强自身服务能力，在技术革新和药品保障方面做了大量工作，如开展了中医体质辨识技术、多种康复理疗技术等，深受教职工欢迎。中西药房现有品种数已达到社区卫生服务中心标准，其中新增教职工相关慢病以及个性化用药品种数近百种，并在不断更新中，做到了教职工临床需求及时满足。

为更好地满足师生中医中药需求，2017年底校医院设中医科，增加中医诊治项目，中医科目前有两名副主任医师坐诊，为全校教职工和学生进行服务。校医院增加针灸治疗房间，设置10张床位，理疗室也设有6张床位。校医院专门设立中药房，目前已有中药饮片300余种。同时，购进现代化煎药机、打粉机，开展中草药的内服外用等治疗项目。中医科治疗和调理范围包括常见的内科病如感冒、咳嗽、咽痛、失眠、口舌生疮、心悸、消化不良、胃脘疼痛、胁痛、大小便不调等，外科病如痤疮、疖肿等，骨伤科如颈肩腰腿疼痛，各个关节痛等，以及一些耳鼻喉、妇科病症。所开设的诊疗项目有中医针灸治疗、拔罐治疗、手法治疗、中药内外使用治疗、中医治疗仪治疗等，属于传统医学范畴的针刺治疗和灸法治疗、刺血和拔罐疗法、推拿和手法整骨疗法，中药的内服和外用（膏、药物外洗和熏洗）治疗方法。

校医院中医中药服务极大地满足了师生的多种就医需求，校医院全体医务人员甚至放弃休息时间以及推迟下班时间，服务于患病师生，力争做到能在校医院解决的诊疗工作不让师生再到上级医院就医，在一定程度上缓解了去大医院的耗时烦琐就医情况，缩短了师生诊疗疾病的时间，以尽快解决病痛。以下列举校医院中医中药服务的几个特色案例：

案例1：

×同学，感冒一周后咳嗽、无痰，而且夜里咳嗽较重，服用各种药物无效，来诊，详细询问病情后，予以养阴清肺丸加麦味地黄丸，获效。

注：中医药治疗呼吸科疾病还是有很大优势的，但需要辨证论治，辨证准确效果一定很好。

案例2：

×老师，5天前患腰痛，去三级医院，诊查腰椎骨质未见异常变化，诊断为腰肌筋膜炎，予以外用膏药加卧床休息，2天前开始做频谱治疗仪治疗，稍有点好转，今日由同事搀扶来诊，予以针刺加手法复位治疗，一次治疗基本痊愈，嘱咐继续敷膏药后自行自如离开校医院。

注：针刺治疗骨伤科疾病效果一般都很好，特别是急性损伤可以做到一次治疗就康复80%~90%甚至以上。

案例3：

×同学，面部痤疮，用外用药，口服汤剂，效果不佳或暂时有效，通过辨证选用中药饮片治疗，三周时间基本愈合，后期嘱咐注意饮食而愈。

注：目前还有一些痤疮患者在中医科用中药调理，痤疮多是脏腑发生变化而引起的，中药治疗属于治本，调理内脏的阴阳平衡达到痤疮消除之目的。

案例 4：

×同学，月经腹部疼痛，被同学搀扶而来，面色苍白，问明病情后予以针刺下肢穴位，一分钟后疼痛缓解，留针 10 分钟，面色转好，自行离开。

注：在月经病当中，痛经用针灸治疗效果较好，可以立时达到止痛效果，可以待经期过后采取针刺方法治疗，达到痛经一症治愈。

案例 5：

×老师，时常出现心率过快，乏力，说话无力，心电图大致正常，心脏彩超未见异常，服用复方丹参滴丸，无效，参松养心胶囊，有效，但始终未解决乏力，心率轻微缓解，来诊，予以生脉饮补中益气丸，一周获效。

3. 开设推拿按摩保健门诊

针对教职工各种慢性疼痛类疾病和亚健康问题高发的实际状况，并充分发挥学校独特的资源优势，2017 年开始，与校工会、特殊教育学院针灸推拿专业合作，在校医院为教职工开设了“推拿按摩保健门诊”，由特教学院高年级学生在专业教师和校医院医师指导下开展了每周定期的推拿按摩保健服务。4 年来，受益教职工达千人次，在教职工人群中缓解慢性疼痛和解决亚健康问题方面进行了积极探索，同时也在校医院与学校相关教学专业有机结合方面进行了大胆的实践尝试，收效显著，实现了教工受益、学生实践能力提高的双赢。

第二节　校园餐饮保健

食物是人类赖以生存的基本条件，人体需要不断从食物中获得营养成分以保持人体和外界环境的能量平衡和物质代谢的平衡，维持人体的健康水平。合理营养是指全面且平衡的营养，包括每日膳食中的各种营养素种类齐全、数量充足、比例适宜。合理营养可以保证机体正常的生理功能，促进健康和生长发育，提高机体的抵抗能力和免疫力，有利于预防疾病，增强体质。学校根据教职工具体情况，从餐饮保健入手，制定了以下相应的措施。

一、制订《教职工膳食指导计划》

校医院配合校后勤保障中心，在现有的配餐基础上，根据健康饮食标准和当年体检后教职工健康状况分析，调整制定了《教职工膳食指导计划》。为了使《教职工膳食指导计划》更趋科学合理，校后勤保障中心多次召开座谈会、组织专家论证会和开展厨师技能培训等，结合中国居民膳食结构特点，以平衡膳食的原则，对膳食指导计划进行评估和反复修订，做到平衡膳食，使膳食中所含营养素，不仅种类齐全、数量充足，而且配比适宜，既能满足机体的生理需要，又可避免因膳食构成而引起的营养素比例不当。

二、创建标准化食堂

后勤保障中心依据北京市教委后勤标准化创建工作有关要求，组织学校具备条件的食堂参加市教委的食堂标准化创建验收工作。食堂根据健康需求，采用天然调料对食材进行调味，有计划、有针对性地引导教职工合理安排膳食，预防疾病的发生。积极营造良好食堂就餐环境，设立健康知识宣传展板，树立教职工健康饮食理念，促进健康饮食习惯养成。推行“阳光餐饮”透明厨房，供广大师生监督查看。持续推进“厉行节约，杜绝浪费”的光盘行动，优化食堂供餐方式，推行小份菜、小份主食、光盘奖励等活动。校工会开展文明就餐月活动，加强教职工的师德建设，提高了教职工文明就餐意识，养成了良好的习惯。结合食堂标准化建设，大力改善教职工用餐环境，进一步提高服务保障质量和水平，努力提升师生饮食幸福指数。

三、精心组织开展各类惠师活动

定期开展厨师骨干培训，组织厨师进行交流、研发特色菜品，结合季节特点，为师生制定口味多样、美味健康的营养食谱。每年“五一”节期间，组织开展“舌尖上的联大”为主题的食品展销活动，不仅丰富了校园文化，让师生体会到美食带来的快乐，充分领略饮食文化的魅力，同时也满足了师生对高品质、多元化餐饮服务的需要。扎实做好“健康幸福工程”，分别针对劳动节、端午节、中秋节、教师节以及国庆节等假期的不同饮食习俗和文化背景，对广大师生进行健康普及宣传，并在节前开展惠师活动，发送水果或“刷一角钱”的免餐活动。根据不同季节还为教职工提供不同作用的营养汤，如春天雾霾较严重时，提供雪梨百合润肺汤。夏天高温酷暑时，提供清凉解暑的绿豆汤等。通过精心组织开展各类惠师活动，不仅让教职工吃得放心、吃得健康，还进一步提高了教职工餐饮服务的满意度。

第三节　教职工心理健康促进

目前，在高校教职工群体中，心理健康问题已成为常见现象。由于压力来源广泛，很多人都出现了不同程度的心理问题，严重的还可能发展为心理障碍。为了缓解教职工的心理压力和焦虑，营造轻松的校园氛围和人际关系，学校也采取了一系列措施来提高教职工的幸福指数。

一、建立高效沟通机制

学校各级干部深入基层，听取教职工的合理化建议。校人事处通过组织北京市属高校教师专业化发展状况调查、专业化发展需求问卷调查、对新入职教师进行专业发展需求调查等一系列问卷调查，了解教职工在满意度、心理压力、教学科研、社会服务等方面的需求。

二、开展各类心理健康活动

学校被命名为北京市总工会“职工心灵驿站”单位，获批北京市总工会优秀职工心理服务助推项目。工会成立了北京高校第一支职工心理健康志愿服务团队，在全校教职工中开展了心理健康状况调查，开通了心理咨询专线、采取举办心理讲座、组织拓展训练、聘请心理专家预约谈心谈话、建设职工心理咨询室等多种形式做好教职工心理疏导和缓解压力工作。学校还根据不同年龄、不同层面教职工的需求开展各类心理健康活动，旨在缓解教职工心理压力，提高其幸福指数。

1. 开展心理咨询活动

学校历来重视对教职工的人文关怀，致力于打造有温度、有温情的工作环境，提升教职工的归属感和幸福感。根据教职工的心理情况，学校举办了“教师压力管理与心理健康”等各种不同类型的心理健康讲座和开展各类心理咨询活动，以及团体心理辅导活动等，校工会特邀请校内外心理专家围绕婚姻家庭、亲子关系、舒压解压、情绪管理等实际问题，开展“让爱流动”系列心理讲座，通过分析心理压力产生原因，教授舒缓压力常用方法，把关心教职工健康，科学缓解工作和生活压力，增强自我心理保健能力的工作要求落到实处。通过各种活动，让教职工们学会认识自我、悦纳自我、调节自我的方法，缓解心理压力，从而以更加积极的心态面对工作和生活。

2. 开展教职工“幸福之家”评选活动

2014 年开始，校工会每年组织开展教职工“幸福之家”评选活动，此项活动为进一步弘扬中华民族家庭美德，促进良好家风和社会风尚的形成，引导广大教职工追求积极向上、文明高尚的生活方式，提高家庭生活品质和幸福指数，实现教职工心中的“家庭梦”起到了积极的推进作用。

3. 开展“十送温暖服务”系列活动

校工会贯彻“厚待教职工”的理念，在全校广泛开展为教职工“十送温暖服务”系列活动，即：职工入职送欢迎，恰逢生日送祝福，喜逢新春送慰问，教工新婚送祝愿，教工生育送祝贺，金秋助学送关爱，患病住院送关怀，家庭遇困送温暖，亲人病故送怀念，教工退休送纪念。深化了“面对面、心贴心、实打实服务教职工在基层”的要求，使工会真正成为教职工的第一知情人、第一报告人、第一帮助人的娘家人。通过组织教职工观看高雅艺术演出，提高教职工的文化品位。

4. 针对不同群体开展相关活动

（1）关心青年教职工。

在关心青年教职工方面，校工会成立青年教工委员会，制定了《青年教工委员会工作条例》。每年组织开展“三十而立话责任”主题生日会、“厨厨动人”青年教职工厨艺大赛，组织参加各行业单身青年交友联谊会，开展新婚教职工联谊，在六一儿童节期间，举行以“关爱未来之星，构建幸福家庭”为主题的教职工亲子趣味运动会等活动。在为青年教职工搭建沟通交流平台的同时，帮助青年教职工营造一个和谐幸福的家庭，使其快乐生活，安心工作。

（2）关心女性教职工。

女性教职工占我校教职工总数的 62%，保护和关心女性教职工身心健康是学校的一项重要职责。学校在每年“三八”妇女节都会通过校园网发《致全校女职工的慰问信》，送上校工会对全体女教职工的节日问候。“三八”妇女节组织优秀女教职工、先进女教职工集体、优秀女教职工组织等评比表彰活动，通过校园橱窗开展“巾帼风采”事迹展览，弘扬先进，增强女职工自豪感；组织《女工劳动保护特别规定》学习和知识答题，维护女工合法权益；组织教职工广场舞大赛，提升女教职工修养和良好气质；与校医院合作组织开展女性健康知识讲座，做到贴心关爱、贴心帮扶。

学校工会高度重视女职工工作，在市级评优创先中塑造了以于平、徐鲲、贾少英为代表的女职工先进模范。为女会员提供专项体检，投保特殊疾病险、办理“在职女会员特殊疾病互助保障”。每到“三八”节期间，工会都要举办关爱女性健康的各类知识讲座，开展富有女性特色的各类才艺展示和内涵丰富的文化活动；在全校二级单位推行“母婴关爱室”建设；请专家对女职工进行重大疾病健康咨询，增加女职工专项体检，进行女性疾病筛查等一系列活动，帮助女教职工增强身心健康，维护女职工合法权益。

（3）关心劳模先进和教授群体。

为劳模提供专项体检，开展节日慰问和劳模先进疗休养活动。在关心教授群体方面，学校工会专门组织暑期教授疗休养，几十名名教授参加活动，加强了教授之间的学术交流，缓解了教授的心理压力。在关心教授身心健康方面，学校还特意强调，无论是健康咨询还是心理疏导都要向教授群体倾斜。

（4）关爱特殊群体。

校工会通过慰问劳模、先进、非在编、军训带队教师、招生队伍、困难教职工等搭建实打实服务教职工体系，增强教职工对学校的归属感，更好地架起了教职工与学校之间的桥梁。关心生病遇困教职工，通过开展爱心互助基金工程，缓解生病遇困教职工的生活压力。

（5）大力开展丰富多彩的文体活动，缓解教职工心理压力。

推进教职工文体协会建设，是实现“十三五”时期教职工“健康幸福提升工程”目标任务的重要举措。学校工会依托23个校级文体协会和15个院级特色协会在全体会员中广泛开展了广播体操、广场舞、健步走等一系列群体健身比赛，合唱、书法、摄影等艺术作品还在北京市职工文化活动中获得各类奖项。新冠肺炎疫情暴发后，各协会集众智创造性地利用网络开展了“战疫杯”系列文体比赛活动，使全体会员感受到工会大家庭的温暖。文体协会的发展实现了教职工文化活动常态化、普众化，提升了会员的幸福感，为缓解精神压力、保持身心健康、引导教职工运动习惯养成发挥了积极的组织作用。

通过校工会组织的《教职工生活方式和健康》问卷调查分析看出，通过学校组织的各类活动，教职工心理压力较之前有所缓解，但教职工心理情绪焦虑、工作压力大、排解压力方式单调等问题仍存在，需要进一步了解教职工状况，采取更加有效的措施增加教职工幸福感。

第四节 教职工运动健康促进

《中共中央关于制定国民经济和社会发展第十四个五年规划和2035年远景目标的建议》中再一次明确提出了“广泛开展全民健身运动，增强人民体质”“完善全民健身公共服务体系”“加快发展健康产业”等要求。有规划地定期参与体育锻炼是维护生命张力、降低慢病风险、对抗亚健康最有效的方法，持续不断的体育锻炼是对抗衰老、延长寿命、提高生存质量的重要方式，在医生和康复师指导下的体育锻炼是治疗疾病、加速康复的重要辅助手段。运动还可以促进和维护人的心理健康，积极参与体育锻炼不仅能改善身体的内平衡，为心理健康打下坚实的物质基础，还能调情绪、减压力、强意志，改善认知能力和记忆水平，提高学习和工作的效率，有针对性的运动干预还是治疗心理疾病的有效手段。

为促进教职工的健康，学校本着“重点突出，点面结合”的原则开展多项体育活动，督促和激励教职工参加运动。2013年，学校工会成立教职工文体活动委员会，出台《工会文体活动委员会管理条例》，从组织上、制度上确保了教职工体育活动管理水平的提高。2013年以来，校工会先后成立或重新调整组建了教职工篮球、足球、网球、羽毛球、乒乓球、健美操、登山、徒步等11个文体协会。依托教职工文体协会，校工会每个月都组织各类全校性文体比赛和培训交流活动。每到周末还组织教职工登山、徒步等户外活动。通过一系列活动进一步完善了教职工自我服务体系，活动的开展也为培养教职工文体技能创造了条件。校工会把每年的11月定为“体育活动月”，举办各类体育赛事活动。

2012年，学校举办首届教职工运动会，23个分工会千余名教职工参加比赛。同年3—5月，学校还组织了200多名教职工参加了首都教职工运动会，最终取得了高校甲组团体总分第八名和优秀组织奖、体育道德风尚奖、篮球亚军、象棋第四名的好成绩。2014年，学校第二届教职工运动会声势更加浩大，1700多人参加比赛，大型舞蹈《欢聚一堂》震撼全场。之后，每两年举行一届的教职工运动会，极大地调动了教职工锻炼的积极性，促进了各校区之间教职工的交流，提高了教职工的身体素质，鼓舞了教职工的士气。

学校健康幸福工程领导小组在全校教职工范围内组织开展教职工健康之星和健康团队的评选活动。此项活动对引导教职工树立健康意识，养成健康生活习惯，实现分类指导，鼓励先进，全面推进我校教职工健康幸福工程的实施起到了促进作用。2013 年，学校还有 2 名教师被北京市教育工会评为“首都教育系统健康之星”。2012—2015 年调研数据显示教职工运动习惯蔚然成风，运动形式灵活多样，2015 年有 55.29%受访者每周 2~3 次运动，较 2012 年的 42.20%有了显著增加。目前 98.07%的教职工认为文体活动对身心健康影响很大，这表明学校组织开展的各项教职工体育活动对引导教职工树立良好运动习惯起到了积极的促进作用。

第二章　校园疫情防控

高校人员来源地域广、人群聚集密度大、疫情发生风险高，一旦发生公共卫生突发事件，危害影响极大，因此传染病防控工作一直是高校工作不可或缺的重要环节。高校作为疫情防控的重点，面对管控难度大、社会关注度高的局面，建立高标准、常态化、规范化的高校公共卫生突发事件防控机制至关重要。通过这次校园新冠肺炎疫情防控实践工作，我们既收获了成绩，积累了经验，同时也发现了许多需要我们不断加强的薄弱环节，在今后的工作中要进一步强化。

第一节　新冠肺炎疫情防控基本知识

冠状病毒是一种在动物与人类之间传播的人畜共患病毒，在自然界中广泛存在。由于它们在电子显微镜下头戴“皇冠”，所以将其命名为冠状病毒。新型冠状病毒是以前从未在人体中发现过的冠状病毒新毒株。新型冠状病毒肺炎是指新型冠状病毒感染导致的肺炎。人感染了冠状病毒后，常见体征有呼吸道症状，包括咳嗽、气促、呼吸困难，还有消化道症状及全身症状（如乏力）。在较严重的病例中，感染还可导致肺炎、严重呼吸道感染、呼吸衰竭，甚至死亡。

一、新型冠状病毒肺炎的主要传播途径

任何一种传染病的传播都必须满足三个环节，即传染源、传播途径、易感者（易感人群）。这三个环节是构成传染病在人群中发生和流行的生物学基础，只有这三个环节同时存在，传染病才可能造成传播与流行，而只要切断其中的任何一个环节，传染病就不能传播与流行。例如，接种疫苗就是为了保护易感人群，从而不得传染病。新型冠状病毒肺炎的传播途径，最初可能来源于野生动物，目前已发现可以人传人，主要以飞沫传播（打

喷嚏、咳嗽等)、气溶胶传播和物体表面接触传播（用接触过病毒的手挖鼻孔、揉眼睛等）三种，也存在粪口传播的风险。

二、新型冠状病毒肺炎的症状

新型冠状病毒肺炎一般症状有发热、乏力、干咳，逐渐出现呼吸困难；部分患者起（初）病症状轻微，甚至可能无明显发热。严重症状有急性呼吸窘迫综合（征)、脓毒症休克、难以纠正的代谢性酸中毒、凝血功能障碍。除了以上发病症状外，还有可能发病症状“不典型”，例如仅以消化系统症状为首发表现，如轻度乏力、精神差、恶心呕吐、腹泻；以神经系统症状为首发表现，如头痛；以心血管系统症状为首发表现，如心慌、胸闷等；以眼科症状为首发表现，如结膜炎；或仅有轻度四肢或腰背部肌肉酸痛等。新型冠状病毒肺炎患者早期存在的头痛、鼻塞、打喷嚏、咳嗽等症状，普通感冒和流感也有，但它们之间其实是有明确区别的。表 3-1 从不同方面具体列举了三种病症的区别。

表 3-1　普通感冒、流行性感冒与新型冠状病毒肺炎的对比

类型	普通感冒	流行性感冒	新型冠状病毒肺炎
病原体	鼻病毒等多种病原体	流感并对	新型冠状病毒（2019-nCoV）
一般症状	一般症状咽痛、喷嚏、流涕、鼻塞、咳嗽等	发热、头痛、肌痛和全身不适	发热、乏力、干咳为主，少数患者伴有鼻塞、流涕、咳嗽
发热症状	一般无发热或只有低热	高热可达 39~41℃	部分患者仅表现为低热，重型、危重型患者病程中可为中低热，甚至无明显发热
全身症状	一般没有	全身肌肉酸痛	病情加重会有头痛、肌肉酸痛、关节酸痛、气促、呼吸困难、胸闷、结膜充血、恶心、呕吐、腹泻、腹痛
自愈情况	一般 5~7 天自愈	有自限性，但易引发肺炎等并发症	目前存在轻症病例和无症状感染者，多在 1 周后恢复

续表

类型	普通感冒	流行性感冒	新型冠状病毒肺炎
流行性	小规模传染，一般不流行	大范围流行	（1）发病前14天内有本地病例持续传播地区的旅行史或居住史 （2）发病前14天内曾接触过来自疫区或其他有本地病例持续传播地区的发热或有呼吸道症状的患者 （3）存在聚集性发病或已确诊病例、轻症病例和无症状感染者有流行病学关联
易感人群	各类人群普遍易感，全年皆可感染	老年人、儿童、慢性病患者	人群普遍易感染，老年人及有基础疾病者感染后病情较重，儿童及婴幼儿也有发病

三、新型冠状病毒肺炎的无症状感染者与密切接触者

目前，在对密切接触者病例观察过程中，发现有一些观察对象未表现上述相关症状，但新型冠状病毒核酸检测呈阳性，被称为无症状感染者。还有一些病人发热不明显，偶尔干咳或乏力。由于无症状感染者也具有一定病毒传播力，因此要严格进行隔离和医学观察。

以下人群属于新型冠状病毒肺炎的密切接触者：

（1）与病例共同居住、学习、工作或其他有密切接触的人员。

（2）诊疗、护理、探视病例时，未采取有效防护措施的医护人员、家属或其他与病例有类似近距离接触的人员。

（3）病例同病室的其他患者及其陪护人员。

（4）与病例乘坐同一交通工具并有近距离接触的人员。

（5）现场调查人员，经评估认为符合条件的人员。

四、新型冠状病毒肺炎的教职工个体防护

学校教职工要主动了解各地疫情防控工作政策，学习疫情防控相关知识，并做好学校对疫情防控的部署和要求；遵守学校相关规定，主动配合

学校、社区、卫生等部门的工作，及时上报身体状况。如发现疫情要主动报告、主动隔离、主动就诊；关注疫情发展形势，了解学生家乡疫情，特别关注疫情严重的地区，有心理问题的学生，发现异常情况及时上报，全力做好疫情防控工作。教职工作为较早投入工作的公职人员，应该做好日常工作和生活的个人防护，加强识别控制传染源的意识，提高切断传播途径的效率，安全办公。

1. 上下班途中防护

（1）尽量不乘坐公共交通工具，建议步行、骑行或乘坐私家车、班车上班，乘坐公共交通工具时，务必全程佩戴口罩，一次性医用口罩或医用外科口罩即可。

（2）途中尽量避免用手触摸公共交通上物品。注意与车上人员保持距离（条件允许下 1.5 米以上）。

（3）到达目的地摘掉口罩后首先洗手消毒。

（4）手机和钥匙使用消毒湿巾或 75%酒精擦拭。

2. 办公区防护

（1）疫情期间未经许可不进入办公楼或实验楼。若必须进入，应自觉接受体温检测，体温正常可入楼工作，并到卫生间洗手。根据学校规定，若有发热症状，请勿入楼工作。

（2）保持办公区环境清洁，建议每日通风 3～5 次，每次 20～30 分钟，通风时注意保暖。

（3）保持勤洗手、多饮水、按照“七步法”严格洗手。

（4）避免办公室之间人员流动。尽量不接待外来人员，如必须接待，做好身份登记，双方佩戴口罩。

（5）人与人之间尽量保持 1.5 米以上安全距离，多人办公时佩戴口罩。

（6）传递纸质文件前后均须洗手，传阅文件时保持安全距离、全程佩戴口罩。

（7）建议座机电话每日用 75%酒精擦拭两次。如使用频繁可增加至 4 次。接打电话后要洗手。

（8）建议会议采用“非必须，不参会”的原则，尽量避免或减少参会。可使用云会议、网络会议等远程形式，若必须现场参会，建议佩戴口罩，进入会议室前洗手消毒。开会期间人员尽量间隔 1.5 米以上。减少集中开会，控制会议时间，会议时间超过 1 小时，至少开窗通风 1 次。会议结束后场地、家具必须进行消毒。茶具用品建议开水浸泡消毒。

3. 食堂进餐防护

（1）要采用分餐进食，尽量分散就餐。

（2）坐下吃饭时才摘口罩，避免面对面就餐，若条件允许应隔位就座或保持人际间的安全防护距离（尽量保持 1.5 米），避免就餐说话，避免扎堆就餐。

（3）就餐前后注意洗手。

（4）食堂（餐厅）从业人员（包括食品采购、加工制作、供餐等与餐饮服务有关的工作人员）均应佩戴一次性帽子、口罩、手套；食堂采购人员或供货人员避免直接手触肉禽类生鲜材料；摘除手套后及时洗手。

4. 居家防护

（1）家庭置备体温计、口罩、家用消毒用品等物品。

（2）未接触过疑似病历或确诊患者且外观完好、无异味或脏污的口罩，回家后可放置于居室通风干燥处，以备下次使用。破损、变形或变湿需要丢弃的口罩，按照生活垃圾分类的要求处理。

（3）随时保持手卫生，从公共场所返回、咳嗽手捂之后、饭前便后，用洗手液或香皂流水洗手，或者使用免洗洗手液。不确定手是否清洁时，避免用手接触口鼻眼。打喷嚏或咳嗽时，用手肘衣服遮住口鼻。

（4）居室整洁，勤开窗，经常通风，定时消毒。平衡膳食，均衡营养，适度运动，充分休息。不随地吐痰，口鼻分泌物用纸包好，弃置于有盖垃圾箱内。

（5）减少走亲访友和聚餐，尽量在家休息。减少到人员密集的公共场所活动，尤其是相对封闭、空气流通差的场所。

第二节　校园传染病预防控制办法

为预防和控制传染病在校园内的发生与流行，保障全校师生员工的身体健康和生命安全，维护正常的教学和工作秩序，根据现行《中华人民共和国传染病防治法》《学校卫生工作条例》《普通高等学校传染病预防控制指南》等相关法律法规，结合学校实际，制定校园传染病预防控制办法。全校传染病预防控制工作坚持早发现、早报告、早诊断、早治疗，建立多部门联防联控机制，加强与当地疾病预防控制机构进行传染病疫情通报和合作。

一、传染病的预防

1. 健康教育

坚持预防为主，健康教育、健康管理、卫生管理并重的原则，学校每年开展针对学生、教职工的传染病预防控制健康教育。新生入学后 1 个月内健康教育培训不少于 1 学时；在校期间开展形式多样的健康教育，每学年不少于 1 学时。

2. 健康管理

（1）学校建立定期体检制度，建立教职工和学生健康档案，每年组织新生入学时健康体检、教职工健康体检和有需求的毕业生体检，保证教职工在基础体检项目上增加慢性病、肿瘤筛查等检查项目，满足不同年龄段健康体检需求。按照上级疾控部门要求，将结核病筛查等作为入学新生体检的必查项目。

（2）对体检中发现的传染病或疑似传染病病例，校医院应向学校传染病预防控制工作领导小组和当地疾病预防控制机构报告，并告知学生或家长及时到医疗机构诊治。

（3）校内医疗机构配合当地疾控部门，做好学生预防接种管理。

（4）出现传染病病例时，在当地疾控部门的指导下，做好传染病预防控制管理工作。

3. 卫生管理

（1）后勤保障中心应严格执行国家食品卫生、环境卫生等相关要求、规范、标准，保障学生的饮食、饮用水安全，为学生提供安全、卫生的环境设施，消除鼠、蚊、蝇、蟑螂等病媒生物的危害。

（2）学校各类公共场所和学生生活、学习及活动场所的环境卫生，符合相关卫生标准的规定。

（3）传染病流行季节，加强教室、图书馆、实验室、食堂、学生宿舍、礼堂等人群聚集场所的通风换气和校园公共设施及器具的保洁和消毒工作。

二、传染病报告、各部门防控职责

1. 传染病的发现、报告与控制

学校建立健全传染病疫情报告制度，明确学校传染病疫情报告人、报告时限（见附件1）和流程（见附件2），并公布学校传染病疫情报告单位及部门联系方式，保证传染病疫情信息的及时报告。

（1）校内医疗机构职责。

①门诊医生开展传染病症状监测，发现传染病人或疑似传染病人及时隔离转诊，并做好相关记录，立即报告学校传染病疫情报告人。疫情报告人按照相关法律法规要求的程序、内容、时限向当地疾病预防控制机构报告，同时报告学校传染病防控工作领导小组。

②在当地疾病预防控制机构指导下，做好传染病学生隔离观察、密切接触学生与老师的筛查工作。

③结合上级卫生行政部门工作要求，做好每年传染病防控的计划制订、组织实施、总结等。

（2）学院职责。

①按照《晨（午）检制度》，按班级、宿舍做好学生的晨检、午检工作，并做好登记。发现学生出现异常症状（发热、咳嗽、咳痰、咯血、皮疹、腹泻、呕吐、黄疸等）立即就医。

②各学院辅导员/班主任（导师）要及时了解因病缺勤学生情况，建立“学生—班长—辅导员”的三级报告制度，追查病因，发现疑似传染病例立即报告校内医疗机构。

③各学院辅导员/班主任（导师）协助校内医疗机构做好传染病学生的隔离、密切接触学生与老师的筛查工作。

④各学院辅导员/班主任（导师）、学生宿舍管理员发现传染病疫情，

即同一宿舍或同一班级，1 天内有 3 名或连续 3 天内有 5 名以上学生出现类似可疑症状时，应在 1 小时内报告学院学生工作办公室，由学生工作办公室报告校医院（校区医务室），校医院（校区医务室）根据情况按照管理权限逐级上报。

（3）后勤保障中心职责。

①在校内医疗机构的指导下，对可能传染源、病人宿舍及经常活动的公共场所进行有针对性的通风、消毒，并做好相关记录。

②食堂有专门窗口负责在校隔离的传染病学生的病号饭。

2. 发生传染病疫情时的防控措施

（1）发生传染病疫情时，学校配合当地卫生行政部门做好传染病疫情的控制和病人的救治工作，并落实卫生行政部门提出的防控措施，包括高危人群预防性干预等。

（2）学校在职教职工和学生依法接受卫生行政部门的调查、采集样本、密切接触者筛查、隔离治疗、预防接种等预防控制措施，如实反映有关情况。

（3）发生传染病暴发疫情时，学校应根据卫生行政部门建议，取消大型聚集活动，如必须举办，尽量在室外举行，并尽可能缩短人群聚集的时间。

3. 传染病复课、复学办法

患传染病的学生休学、退学应根据病情、病种，按照相关学籍管理规定执行。学生病愈且隔离期满后，应到辖区社区卫生服务中心开“复课证明”，并到校内医疗机构换取校内“复课证明”交学院学生管理部门和教务部门查验并存档后方可复课。宿舍管理部门也应在查验病愈学生“复课证明”后方能允许学生回宿舍居住（具体流程见附件 3）。

三、保障

（1）建立学校领导负责的传染病预防控制体系和工作制度，成立学校传染病预防控制组织机构。

①成立传染病预防控制工作领导小组。

组长：校党委书记、校长。

副组长：分管校医院工作副校长。

成员：校长办公室、党委宣传部、学生处、研究生处、后勤保障中心、校医院负责人，各学院党委、机关党委、直属单位党委书记。

传染病预防控制工作领导小组办公室设在校长办公室。

②成立传染病预防控制工作组。

组长：校医院、学生处、后勤保障中心负责人。

成员：各校区医务室主任、预防保健科主任、临床科主任，各学院学生处（办）、教务处（办）、后勤工作管理负责人。

③学校在卫生部门的技术指导下，制定《传染病疫情报告制度》《健康教育制度》等具体工作制度，传染病预防控制工作领导小组负责监督落实。

（2）学校各校区有专门负责传染病防控工作的医务人员，各学院指定专人为传染病防控工作联系人。

（3）学校相关医务人员定期参加上级主管部门及相关业务部门组织的传染病防控工作的监督检查和业务指导。

（4）校内医疗机构要定期对防控物资进行检查，及时补充，确保落实到位，以备急需。

附件1

法定传染病及报告时限

1. 法定传染病

（1）甲类传染病（确诊2小时报告）：鼠疫、霍乱。

（2）乙类传染病（确诊24小时报告）：传染性非典型肺炎（2小时报告）、艾滋病、病毒性肝炎、脊髓灰质炎、人感染高致病性禽流感（2小时报告）、麻疹、流行性出血热、狂犬病、流行性乙型脑炎、登革热、炭疽、细菌性和阿米巴性痢疾、肺结核、伤寒和副伤寒、流行性脑脊髓膜炎、百日咳、白喉、新生儿破伤风、猩红热、布鲁氏菌病、淋病、梅毒、钩端螺旋体病、血吸虫病、疟疾。

（3）丙类传染病（确诊24小时报告）：流行性感冒、流行性腮腺炎、风疹、急性出血性结膜炎、麻风病、流行性和地方性斑疹伤寒、黑热病、包虫病、丝虫病，除霍乱、细菌性和阿米巴性痢疾、伤寒和副伤寒以外的感染性腹泻病。

（4）卫生部决定列入乙类、丙类传染病管理的其他传染病。

2. 其他传染病：省级人民政府决定按照乙类、丙类管理的其他地方性传染病和其他暴发、流行或原因不明的传染病。

3. 不明原因肺炎病例和不明原因死亡病例等重点监测疾病（2小时）。

4. 当学校发生群体性不明原因疾病或者其他突发公共卫生事件时，相关人员应当立即报出相关信息。

附件2

传染病处理流程图

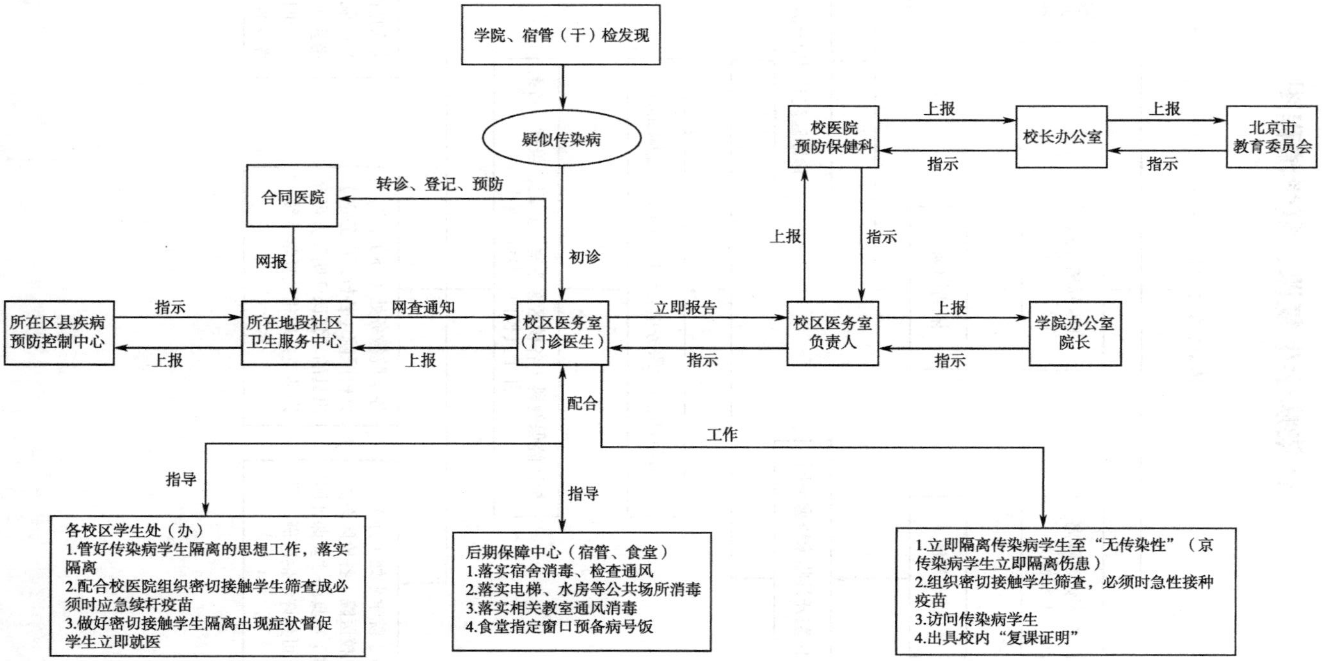

附件 3

传染病学生复课、复学流程图

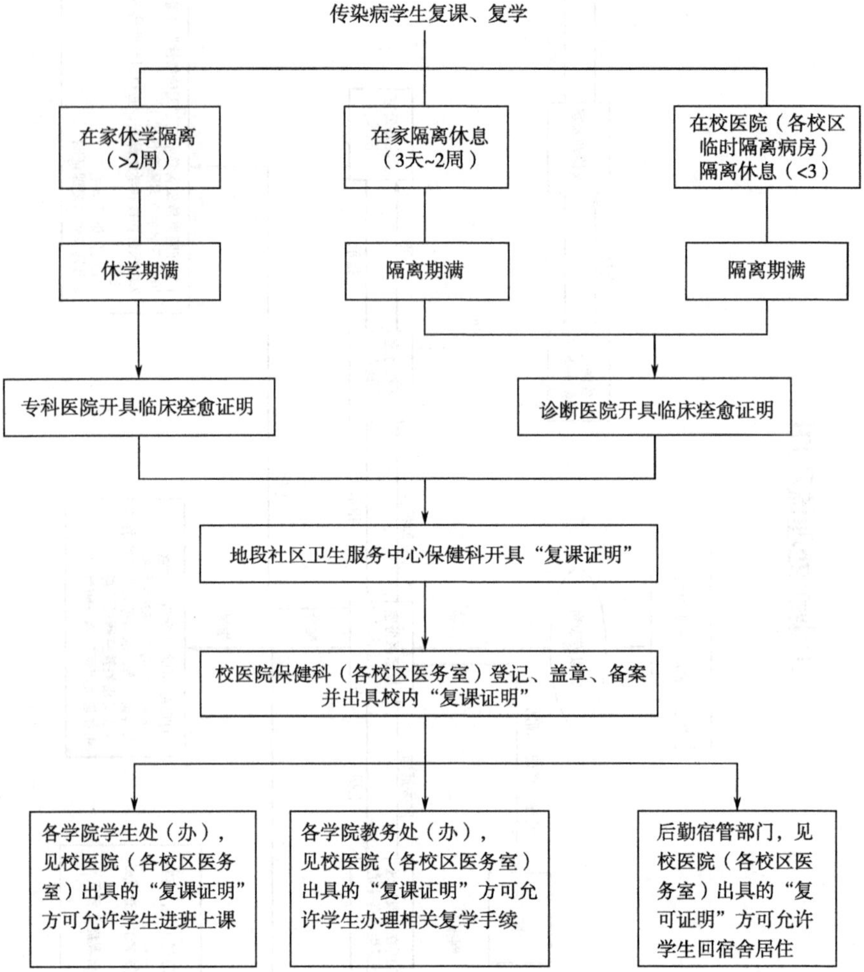

第三节　校园突发公共卫生事件应急预案

突发公共卫生事件是指突然发生、造成或者可能造成社会公共健康严重损害的重大传染病疫情、群体性不明原因疾病、重大食物中毒和职业中毒及其他严重影响公众健康的事件（以下统称突发公共卫生事件）时，为能够及时、迅速、高效、有序地处理学校突发公共卫生事件，保障广大师生员工身体健康和生命安全，维护正常教学秩序和学校稳定，学校制定如下应急预案。

一、工作目标

一旦发生突发公共卫生事件，尤其是传染病暴发疫情，能够及时报告，迅速控制传染源，切断传播途径，保护易感人群，最大限度防止疫情扩散、蔓延。同时及时救治病人，保障师生员工的身体健康和生命安全，提高我校快速反应和应急处理能力。

二、预案启动条件

凡校内师生在校内出现下例情况，即启动本预案，并根据教育部和市卫生局突发公共卫生事件划分的等级，做好分级响应工作：

（1）发生甲类传染病或者疑似甲类传染病或者卫生部规定的按甲类传染病管理的传染病；

（2）发现乙、丙类传染病暴发疫情；

（3）出现新发传染病；

（4）出现群体性不明原因疾病；

（5）出现集体食物中毒或者集体急性中毒；

（6）因预防接种或预防性服药造成的人员死亡，或者群体性不良反应；

（7）出现其他严重影响公众健康的事件。

三、组织领导和工作职责

建立学校领导负责的突发公共卫生事件控制体系和工作制度，成立学校突发公共卫生事件组织机构。

（一）成立突发公共卫生事件应急领导组

组长：校党委书记、校长。

副组长：分管校医院工作副校长。

成员：校长办公室、党委宣传部、学生处、研究生处、后勤保障中心、校医院负责人，各学院党委、机关党委、直属单位党委书记。

突发公共卫生事件应急领导小组办公室设在校长办公室。

（二）成立突发公共卫生事件应急工作组

组长：校医院、学生处、后勤保障中心负责人。

成员：各校区医务室主任、预防保健科主任、临床科主任，各学院学生处（办）、教务处（办）、后勤工作管理负责人。

（三）学校在卫生部门的技术指导下，制定《传染病预防控制办法》《传染病疫情报告制度》《学生健康教育制度》《学生晨（午）检制度》等具体工作制度，突发公共卫生事件应急领导小组负责监督落实。

四、预警和预防

（1）大力开展健康教育，利用各种形式普及卫生知识，针对突发公共卫生事件的病因及时向校内师生员工宣传科学防控知识，尤其是预防传染病和食物中毒方面的知识。

（2）做好校医院门诊传染病日常监测工作，根据上级卫生行政部门发出的传染病预警报告，做好相关的预警工作。

（3）重点加强对学校食品卫生、环境卫生、职业卫生等的检查，督促校园餐饮人员、接触有毒有害物质人员、从事放射工作的人员定期进行体格检查，查找隐患、发现问题、及时整改，防患于未然。

五、预案的启动和终止

1. 对突发公共卫生事件的接报

对突发公共卫生事件一律向“突发公共卫生事件应急领导组办公室”报告，接到报告后，由“突发公共卫生事件应急领导组办公室”立即向“突发公共卫生事件应急领导组”组长报告，由“突发公共卫生事件应急领导组”全面负责学校突发公共卫生事件发生期间的一切事务及工作，统一领导，统一指挥。

2. 对报告的突发公共卫生事件的调查、核实、确证及临时布控

根据“突发公共卫生事件应急领导组”的指令，“突发公共卫生事件应急组办公室”立即组织校内医疗机构及病人所在部门负责人对报告的突发事件进行调查、核实、确证；同时，由校内保卫部门采取必要的临时措施，立即布置警戒线，限制疫源地范围内所有人员的活动，禁止警戒线内外人员出入。

3. 对报告的突发公共卫生事件的调查、核实、初步确证后

“突发公共卫生事件应急领导组办公室”经“突发公共卫生事件应急领导组”同意，2 小时内将突发公共卫生事件上报主管卫生行政部门（朝阳区疾病预防控制中心）、主管部门（北京市教委）及地方人民政府（朝阳区政府），接受上级指示后，将突发公共卫生事件通报各部门、各学院，传达“突发公共卫生事件应急领导组”指示，协调其他各组和学校其他各部门做好突发公卫事件控制的准备工作。

4. 进入“紧急状态”

（1）“突发公共卫生事件应急领导组”在确认突发公共卫生事件后，立即下令各职能组、室进入紧急状态，各负其责。等待政府有关部门进行专业指导，并根据事件的变化及需要，调整各职能部门人员。各职能部门相关人员身穿工作服或佩戴袖章开展工作。

（2）各学院党委和各学院学工部门应对师生进行正面教育，实事求是地讲明情况，教育师生做好个人防护，落实各项防护措施。同时严格控制相关学生外出，防止事件扩大。

（3）后勤保障中心应严格加强饮食卫生管理，加强食堂环境消毒、餐具消毒，并按上级疾病预防控制部门要求做好食品留样，“医学观察区”的饮食饮水应由专人负责保障。

（4）辅导员及校心理咨询中心应注意突发事件对校内相关人群的心理影响，对重点人群开展心理疏导工作，防止心理危机出现。

5. 突发公共卫生事件的终止

突发公共卫生事件的终止须符合以下条件：

（1）突发公共卫生事件的隐患或相关危险因素消除，或最后一例传染病发生后经过最长潜伏期后，无新的病例出现。

(2) 在确认事件终止后2周内，达到《国家突发公共卫生事件应急预案》分级标准的突发公共卫生事件由相应级别卫生行政部门组织评估，评估内容主要包括事件概况、现场调查处理情况、病人救治情况、所采取的措施的效果评价、应急过程中存在的问题和取得的经验及今后的改进建议。

六、善后工作

学校突发公共卫生事件处理完成后，重点工作应迅速转入善后行动，争取在最快的时间内恢复正常的教学秩序和工作。学校要认真做好受伤人员的善后工作。学校各有关单位、部门要对突发公共卫生事件中发现的卫生隐患问题和整改意见及时进行整改。

附件：

突发公共卫生事件报告范围与标准

突发公共卫生事件相关信息报告范围，包括可能构成或已发生的突发公共卫生事件相关信息，其报告标准不完全等同于《国家突发公共卫生事件应急预案》的判定标准。突发公共卫生事件的确认、分级由卫生行政部门组织实施。

（一）传染病

1. 鼠疫：发现1例及以上鼠疫病例。

2. 霍乱：发现1例及以上霍乱病例。

3. 传染性非典型肺炎：发现1例及以上传染性非典型肺炎病例病人或疑似病人。

4. 人感染高致病性禽流感：发现1例及以上人感染高致病性禽流感病例。

5. 炭疽：发生1例及以上肺炭疽病例；或1周内，同一学校、幼儿园、自然村寨、社区、建筑工地等集体单位发生3例及以上皮肤炭疽或肠炭疽病例；或1例及以上职业性炭疽病例。

6. 甲肝/戊肝：1周内，同一学校、幼儿园、自然村寨、社区、建筑工地等集体单位发生5例及以上甲肝/戊肝病例。

7. 伤寒（副伤寒）：1周内，同一学校、幼儿园、自然村寨、社区、建筑工地等集体单位发生5例及以上伤寒（副伤寒）病例，或出现2例及以上死亡。

8. 细菌性和阿米巴性痢疾：3天内，同一学校、幼儿园、自然村寨、社区、建筑工地等集体单位发生10例及以上细菌性和阿米巴性痢疾病例，或出现2例及以上死亡。

9. 麻疹：1周内，同一学校、幼儿园、自然村寨、社区、建筑工地等集体单位发生10例及以上麻疹病例。

10. 风疹：1周内，同一学校、幼儿园、自然村寨、社区等集体单位发生10例及以上风疹病例。

11. 流行性脑脊髓膜炎：3天内，同一学校、幼儿园、自然村寨、社区、建筑工地等集体单位发生3例及以上流脑病例，或者有2例及以上死亡。

12. 登革热：1周内，一个县（市、区）发生5例及以上登革热病例；或首次发现病例。

13. 流行性出血热：1周内，同一自然村寨、社区、建筑工地、学校等集体单位发生5例（高发地区10例）及以上流行性出血热病例，或者死亡1例及以上。

14. 钩端螺旋体病：1周内，同一自然村寨、建筑工地等集体单位发生5例及以上钩端螺旋体病病例，或者死亡1例及以上。

15. 流行性乙型脑炎：1周内，同一乡镇、街道等发生5例及以上乙脑病例，或者死亡1例及以上。

16. 疟疾：以行政村为单位，1个月内，发现5例（高发地区10例）及以上当地感染的病例；或在近3年内无当地感染病例报告的乡镇，以行政村为单位，1个月内发现5例及以上当地感染的病例；在恶性疟疾流行地区，以乡（镇）为单位，1个月内发现2例及以上恶性疟疾死亡病例；在非恶性疟疾流行地区，出现输入性恶性疟疾感染病例。

17. 血吸虫病：在未控制地区，以行政村为单位，2周内发生急性血吸虫病病例10例及以上，或在同一感染地点1周内连续发生急性血吸虫病病例5例及以上；在传播控制地区，以行政村为单位，2周内发生急性血吸虫病5例及以上，或在同一感染地点1周内连续发生急性血吸虫病病例3例及以上；在传播阻断地区或非流行区，发现当地感染的病人、病牛或感染性钉螺。

18. 流感：1周内，在同一学校、幼儿园或其他集体单位发生30例及以上流感样病例，或5例及以上因流感样症状住院病例，或发生1例及以上流感样病例死亡。

19. 流行性腮腺炎：1周内，同一学校、幼儿园等集体单位中发生10例及以上流行性腮腺炎病例。

20. 感染性腹泻（除霍乱、痢疾、伤寒和副伤寒以外）：1周内，同一学校、幼儿园、自然村寨、社区、建筑工地等集体单位中发生20例及以上感染性腹泻病例，或死亡1例及以上。

21. 猩红热：1周内，同一学校、幼儿园等集体单位中，发生10例及以上猩红热病例。

22. 水痘：1周内，同一学校、幼儿园等集体单位中，发生10例及以上水痘病例。

23. 输血性乙肝、丙肝、HIV：医疗机构、采供血机构发生3例及以上输血性乙肝、丙肝病例或疑似病例或HIV感染。

24. 新发或再发传染病：发现本县（区）从未发生过的传染病或发生本县近5年从未报告的或国家宣布已消灭的传染病。

25. 不明原因肺炎：发现不明原因肺炎病例。

（二）食物中毒：

1. 一次食物中毒人数30人及以上或死亡1人及以上。

2. 学校、幼儿园、建筑工地等集体单位发生食物中毒，一次中毒人数5人及以上或死亡1人及以上。

3. 地区性或全国性重要活动期间发生食物中毒，一次中毒人数5人及以上或死亡1人及以上。

（三）职业中毒：发生急性职业中毒10人及以上或者死亡1人及以上的事件。

（四）其他中毒：出现食物中毒、职业中毒以外的急性中毒病例3例及以上的事件。

（五）环境因素事件：发生环境因素改变所致的急性病例3例及以上。

（六）意外辐射照射事件：出现意外辐射照射人员1例及以上。

（七）传染病菌、毒种丢失：发生鼠疫、炭疽、“非典”、艾滋病、霍乱、脊灰等菌毒种丢失事件。

（八）预防接种和预防服药群体性不良反应：

1. 群体性预防接种反应：一个预防接种单位一次预防接种活动中出现群体性疑似异常反应；或发生死亡。

2. 群体预防性服药反应：一个预防服药点一次预防服药活动中出现不良反应（或心因性反应）10 例及以上；或死亡 1 例及以上。

（九）医源性感染事件：医源性、实验室和医院感染暴发。

（十）群体性不明原因疾病：2 周内，一个医疗机构或同一自然村寨、社区、建筑工地、学校等集体单位发生有相同临床症状的不明原因疾病 3 例及以上。

（十一）各级人民政府卫生行政部门认定的其他突发公共卫生事件。

第四节　校园新冠肺炎疫情防控工作方案

学校为能够及时、迅速、高效、有序地处理可能面临的新型冠状病毒感染肺炎疫情威胁，保障广大师生员工身体健康和生命安全，维护学校正常秩序和稳定，按照市教委、市卫健委等有关部门要求，结合《传染病预防控制办法》《突发公共卫生事件应急预案》，制定校园新冠肺炎疫情防控工作方案。目标是早期发现新型冠状病毒感染病例，并及时报告；规范病例救治管理；防止疫情可能出现的扩散蔓延。

一、成立新型冠状病毒感染肺炎防控工作领导小组

组长、副组长：由校领导兼任。

成员：党委办、校长办、宣传部、人事处、学生处、研究生处、基建处、后勤保障中心、校医院、保卫处负责人；各学院书记、机关党委书记、直属单位党委书记。

根据需要成立以下工作小组：

(1) 领导小组办公室。主任由副校长兼任，办公室副主任包括：党委办、校长办主任，校医院院长。负责协调和督促其他各个工作小组及学校各有关部门履行工作职责，开展疫情应急处理工作。

(2) 医疗救治组。组长为校医院院长，组员为临床科医护人员。主要负责病人的筛查、隔离、对症处理和转运工作。与属地进行联络，请属地给予指导。

(3) 传染病预防控制工作组。

组长：校医院、学生处、后勤保障中心负责人。

成员：人事处、校机关、校直属单位办公室相关负责人，各校区医务室主任、预防保健科主任、临床科主任，各学院学生处（办）、教务处（办）、后勤工作管理负责人。

主要负责协助上级疾控部门进行流行病学调查、指导疫源地消毒、严格做好学生晨（午）检、严格做好可疑职工及学生监测、隔离观察和关心关爱工作。

（4）后勤保障组。组长为后勤保障中心经理，主要负责后勤保障、物资供应、环境清洁和消毒、车辆转运等工作。

（5）宣传教育组。组长为宣传部部长，信息网络中心主任为副组长，主要负责疫情期间的新闻舆情工作，做好舆论监测，防止师生过度解读疫情、信谣传谣。

（6）保卫组。组长为保卫处处长，主要负责配合上级疾控部门对医学观察区可能的布控和安全管理、校园出入人员严密登记等。

二、防控措施

（一）病例发现

（1）学校开展体温监测工作每日健康监测打卡，在校医院指导下，假期留校学生由后勤宿管部门负责，其他人员由各部门负责；开学后由校学生处组织落实，如发现体温高于37.3℃，应报告校医院、学院相关领导，学生应在学院相关老师的陪同下直接去医院发热门诊排查。

（2）严格落实留（在）校学生早晨、中午检测工作，如发生“不明原因肺炎”症状应及时报告校医院预防保健科。

（3）各单位做好每日“零报告”工作，于每日17点前报校办。

报告内容：有无接触“新型冠状病毒感染肺炎”人员；有无发热（高于37.3℃）、胸闷、咳嗽等“不明原因肺炎”症状人员。

（4）校医院门诊做好“不明原因肺炎”症状监测工作及预检分诊工作。

（二）病例报告

如接到医疗机构确诊病例报告，由领导小组办公室于2小时内向属地疾病预防控制中心报告，并于2小时内寄送出传染病报告卡，同时报告市教委。任何单位不得瞒报、谎报病例。

（三）病例管理与救治

学校医疗机构做好医疗救治所需的人员、药品、设施、设备、防护用品等保障工作，做好医务人员防护工作。因没有发热门诊，在知情同意的情况下，可疑病例应在学院相关老师的陪同下直接去规定医院排查。

（四）密切接触者、疫情地区回京教职工的管理和排查

（1）建立疫情地区师生流动及身体情况一人一册档案。

（2）疫情地区回校教职工、中高风险地区人员原则不进京不返校，有密切接触史的人员管理按疾控部门要求执行，低风险地区人员返校根据疾控部门相关规定执行健康检测、核酸检测等。

（3）落实疫情地区返校学生的集中隔离工作，设置远离学校的隔离区隔离，隔离期 14 天。

参考文献

［1］唐钧，李军．健康社会学视角下的整体健康观和健康管理［J］．中国社会科学，2019（08）．

［2］谭晓东，祝淑珍，谢棚印等．“健康中国”背景下健康管理的发展思路［J］．公共卫生与预防医学，2015，26（06）．

［3］王卓群，赵文华．我国慢性病防控工作回顾与展望［J］．中华疾病控制杂志，2019，23（09）．

［4］李江，陶沙，李明等．健康管理的现状与发展策略［J］．中国工程科学，2017，19（02）．

［5］张静波，李强，刘峰，韩玉梅，杨建国．健康管理服务模式的发展趋势［J］．山东大学学报（医学版），2019，57（08）．

［6］刘艳飞，王振．美国健康管理服务业发展模式及启示［J］．亚太经济，2016（03）．

［7］王维，张澜．高校健康管理体系的构建与发展研究［J］．辽宁大学学报（哲学社会科学版），2016，44（01）．

［8］李欧美．高校教师健康管理状况及影响因素分析——以南京师范大学为例［J］．南京师大学报（自然科学版），2017，40（04）．

［9］莫冰莉．高校健康校园平台构建研究［D］．湖南科技大学，2017．

［10］张宝，孙金海，孙欣然等．高校教师健康的主要问题及对策［J］．职业与健康，2017，33（07）．

［11］郭姣．健康管理学［M］．北京：人民卫生出版社，2020．

［12］夏保京，王少清．慢性病管理学［M］．上海：上海第二军医大学出版社，2014．

